Mövcudluq və Digər
Rəvayətlərin Fırtınaları

Mövcudluq və Digər Rəvayətlərin Fırtınaları

Aldivan Torres

aldivan teixeira torres

CONTENTS

1 Mövcudluq və Digər Rəvayətlərin Fırtınaları   1

Mövcudluq və Digər Rəvayətlərin Fırtınaları

Aldivan Torres

Mövcudluq və Digər Rəvayətlərin Fırtınaları

Müəllif: Aldivan Torres
©2023- Aldivan Torres
Bütün hüquqlar qorunur.
Seriyalar: Ruhilik və özünə kömək

Bu kitab, o cümlədən onun bütün hissələrinin müəlliflik hüququ qorunur. Müəllifin icazəsi olmadan, yenidən satıla və ya yüklənə bilməz.

Braziliya əsilli Aldivan Torres bir neçə janrda konsolidasiya olunmuş yazıçıdır. Bu günə qədər onun çoxlu dillərdə nəşr olunan titulları var. O, uşaqlıqdan həmişə 2013-cü ilin ikinci yarısından peşəkar karyerasını birləşdirərək yazmaq sənətinin aşiqi olub. O, öz yazıları ilə Pernambuco və Braziliya mədəniyyətinə töhfə verəcəyinə ümid edir, hələ bu vərdişi olma yanlarda oxumağın ləzzətini oyadır.

fədakarlıq

Bu kitabı ilk öncə Allaha, ailəmə, qohumlarıma, oxucularıma, məni ruhlandıra hər kəsə həsr edirəm.

Giriş

Mövcud olan fırtınalar getdikcə daha çox narahat, rəqabətli, sürətli və pis dünyada əsil xoşbəxtlik yolunu göstərir. Bu, həyata, dinə, Allah və insanlarla olan münasibətimizə, özümüzə və arzularımız, əqidəmizə, qorxu və arzularımız əksik bir baxışdır.

Gəlin bu hikmət dəryasına dalaq və görək nə var və nə edə bilərik. Yol yazılıb, nə sağa, nə də sola sap mamalıyıq. Həyatını elə bir işıqlı yol et ki, başqalarını həqiqi səadət yoluna aparasan.

Mövcudluq və Digər Rəvayətlərin Fırtınaları

Mövcudluq və Digər Rəvayətlərin Fırtınaları

fədakarlıq

Giriş

Sən dünyanın heç bir məsuliyyətinə malik deyilsən.

Peşənizdə daha çox risk edin.

Həyat həmişə buna dəyər.

Sərçə kimi azad ol.

Bir gəzinti köhnə ferma, Calumbi şəhəri

kiçik nağara, Calumbi kəndi turu

Müdriklərlə nahar

Sözdə diqqətli olun.

Bəzən susmaq ən yaxşı cavabdır.

Bu dünyada xarici görünüş çox vacibdir

Gəlin, ümumiyyətlə, oxumağı və incəsənəti təşviq edək.

Festivalda təsnifat

Ailəmin vəziyyəti çox ağır idi. Sevgi tapmaq üçün yeganə şansım gizli və ayrı-ayrı evlərdə olardı. Mürəkkəbdir, elə deyilmi?

Tənqidçilərimə cavab

Mənim gözəl həyat yolum

Sadiq dostları tanımaq asandır.
Həmişə əlinizdən gələni edin
Mübarizə vaxtları olacaq, amma qələbəyə həmişə ümid var
Qüsurlarınız və keyfiyyətləriniz qiymətləndimi.
Siz risksiz yasamsınız.
Bugünkü məğlubiyyətlər bizi sabaha olan qələbələrə hazırlayır.
Böyük məyusluqlara baxmayaraq, hesab edirəm ki, həyat buna dəyər.
Heç nə əbədi deyil.
Dünyanı yaxşılaşdır maqdan heç vaxt əl çəkməcəliyik
Lazım gəldikdə hərəkət edin
Dünyanı müşahidə yolu ilə necə başa düşməyi bilmək lazımdır.
Yoxsula, zəifə və yoxsula dəyər vermə
Yeni vəziyyətlərə, təkmilləşməyə və növbəti anlamağa açıq olun
Nə qədər ki yaşayıram, insanlara yaxşılıq edəcəyəm.
Nə qədər ki, içimizi eşitməsək, bədbəxt qalacağıq.
Layihələriniz nəzərdən keçirin.
İttiham etməzdən əvvəl hərəkətlərin üzərində düşün.
Səhv edəndə qəbul edin.
Hər kəslə anlayışlı ol.
Həmişə qəlb rahatlığınız qoruyun
Qürurlu insanlar heç vaxt tam uğur qazana bilməzlər.
Sadiq dostunuzu tanımağı bacarır.
Yaxşı yol ilə getmək ən yaxşı seçimdir.
Atçılıq vilayətinə səyahət
Kimsə sizin işinizi, sevgilinizi və ya əmlakınızı oğurlaya bilər. Hər kəsin səni qarət edə biləcəyi yeganə şey sənin təhsil və ya biliyindir.
Yer üzündə kamillik yoxdur. Ona görə də bizim yeganə müəllimimiz Allah olmalıdır.
Hər birimiz vacib biliyə malikik.
Əzab - əziyyət prinsipi bizim düzgün seçimimizdir.
Əlinizdə olmayan şeylərə görə özünüzü günahkar hiss etməyin.
Heç kimə kin saxlama.
Biz keçmiş həyat səhvlərinin əvəzini ödəmirik.

Qayda-qanunlara qapılma, öz mənəviyyatını qur.
Gözəlliyə dəyər vermə.
Ölümü hamımızın qaçılmaz taleyi kimi qəbul et.
Uşaqvarınızın qeydinə qalın.
Sənə məxsus olmayan şeyi heç vaxt istəmə.
Özümü yaxşı hiss etmək üçün xəyali bir dünya yaratdım.
Penyafort dan olan Müqəddəs Raymond
Uşaqlıq və yeniyetməlik dövrü
Penyafort qalası- Barselona- İspaniya
5 il sonra
Bir müddət sonra
Öldükdən sonra əmlakın mirası haqqında
Bütün uğurlarımı oxucularıma borcluyam.
Qara irqə hörmətim
Qorxu bizim uğursuzluğu uzun böyük pisidir.
Özünə haqq ver ki, özünü cəzan etsin.
Həyat axını ilə özünü aparsın.
Tənhalıq da çox vacib şeyləri öyrədir.
İstənilən vəziyyətdə xoşbəxt olun.
Məhəbbət böyük ruhani öyrənmədir.
Təmiz vicdan qiymətlidir.
Başqalarına etibar etmək böyük təhlükədir.
Heç vaxt imanınızın bitməsin
Sahib olduğun hər şey baş verir.
Dünya üçün istədiyini özün üçün et.
Heç vaxt digərinə zərər verməyə çalışmayın.
Həyatımızın böyük fırtınalarına ağılla qalib gələ bilərik.
Məhəbbət bizi hər şeyə dəydiyinə inandırır.
Elə şeylər var ki, biz geri qayıda bilmərik
Biz həmişə xoşaldığımız şeylər üzərində işləyə bilmərik.
Pisliyin həyatında olmasın.
Hər kəsə uyğun yaşamağa çalışın.
Nadan və məğrur olun.

Danışmazdan əvvəl uzun-uzun düşün.
Bütün cinsi əlaqə vacibdir və ona hörmət etmək lazımdır.
Hər bir nailiyyət və hər gün üçün sevinin.
Böyük çətinliklərə üzləşəndə, biz bunu bacardığımız göstəririk
Evinizə gələn bütün ziyarətləri sevinclə qəbul edin
Məhəbbəti hər gün inkişaf etdirmək lazımdır.
Keçmişə ibadət etməyin, sanki sabah yoxdur.
Dünyada sevginin bir çox növləri vardır.
Maddi maraqlardan məhəbbət münasibətləri axtarmayın. İnsanla sevgi üçün qalın.
Tamamilə düzgün əxlaq yoxdur.
Bizə səxavətli və yaxşı kişilər lazımdır.
Bahia ştatında Abaíra şəhərinin tarixi
Böyük evdə danışın.
Yeni sahibkar və ticarətin açılması.
Ata ilə söhbət edin.
ərzaq mağazasında işləyir
Hekayənin sonu
Həqiqəti həyatınızda əsas dəyər kimi qəbul edin.
Vaxt nə qədər çox keçirsə, hər şey bir o qədər çətinləşir.
Pis təsirlərdən qorun
Həyatımın qaranlıq gecəsi
Allah insanı və qadını evlənmək və çoxaltmaq üçün yaratmışdır.
Tənqid etməzdən əvvəl, düşüncə tərzinizi müşahidə edin.
Uzaq insanları sevmək daha asandır.
Sizi zindana salan hər şeydən azad olun.
Biz başqalarının fərqi ilə yaşamağı öyrənməliyik.
Bu, mühakimə etmək üçün heç bir faydası yoxdur, siz adam tanımışınız
Sevdiyimiz insanlardan uzaq durmaq çətindir.
Uğursuzluq ar haqqında nə qədər çox düşünsəniz, bir o qədər də onları cəlb edirsiniz.
Hər pis hadisə ilə, qalx ayağa.

Həyatımızda hər bir qələbənin bir hekayəsi var.

Mən ədəbiyyatımın hüdudunun mənim təxəyyülüm olmasını icazə verdim.

Dürüst və sakit gəzin.

İşdən utanma.

Heç vaxt öz xeyirxah lığından tövbə etmə

Heç bir dininiz olmadığı kimi yaşayın.

Eyni evdə yaşamaq mürəkkəbdir.

Uşaq sahibi olmaq arzusunda idim.

Bu, bizi dəyişilməyə təşviq edir.

Hər zaman interyeriniz üzərində düşünün

Evlilikdə məsuliyyət

Həyat və ölüm

Anam haqqında bir az

Qardaşım Adenildo haqqında bir az

Böyük arzum dünyanı dolamaq idi.

Başqaları tərəfindən səhv anlasanız da, xoşbəxt olun

Heç kimin sənin hərəkətlərinə ağalıq etməsinə yol vermə.

Xudbinlik ən ağır qüsurdur.

Sən dünyanın heç bir məsuliyyətinə malik deyilsən.

Heç bir tələbkar deyil, başqalarının məsuliyyətinin öhdəsindən gəlmək mümkün deyil. Azad, işıqlı və boş qalmaq üçün biz üzərimizə düşən məsuliyyətləri üzərimizə götürənlərlə bölüşməliyik.

Bütün ömrüm boyu ailədə çox böyük məsuliyyət daşımışam. Buna səbəb qardaşlarımın dərs keçmədiyi və mən kollecdə oxuyub ictimai işə düzələn və anamdan uzaqlaşdığı üçün idi. Bu amillər məni xaos və böyük məsuliyyətlər aləminə apardı.

Qardaşlarıma kömək etdiyim üçün çox minnətdaram, onlar mənim üçün hər şeydirlər. Amma eyni zamanda öz şəxsi həyatımı yaşamadığım və öz ailəmi qurmadığım üçün özümü çaşqın hiss edirəm. Öz evim, ərim və övladlarımın olmasını xəyal edirdim. Amma təəssüf ki, ailəmdə yeganə can verən qayıq mənəm.

Bəzən öz evimdə azadlığım olmadığı üçün kiminləsən münasibətdə olduğum üçün özümü küt və qeyri-sərbəst hiss edirəm. Kiməsə nə təklif edim? Sadəcə həzz almaq üçün bir anlıq? Münasibət sadəcə seks və səyahətə əsaslana bilərmi? Bu bir çox şəxsi məsələlərdir ki, seçimim mənə gətirdi və onlardan qaça bilməcəyəyəm.

Peşənizdə daha çox risk edin.

– Nə etməyi xoşalırsınız? Hansı sahədə ən çox bağçılığınız var? Pula və ya rifaha ən çox nə önəm verirsiniz? Bu sualların cavabı sizə hərəkət etməli olduğunuz peşəkar saha ilə bağlı istiqamət verə bilər.

Mən dövlət qulluqçusu və yazıçıyam. Hər iki sahəni bəyənirəm. Amma yazmağa daha çox bağlıyam. Yazım terapiya olduğu üçün bu fəaliyyətə daha çox enerji sərf edirəm. Böyük hobbi olmaqdan savayı mənim üçün yazmaq böyük əyləncədir. İyirmi üç yaşım olandan bəri yazı ilə məşğulam. Yazı yazmaqla depressiya kimi ciddi problemlərin öhdəsindən gəldim. Bu gün isə mənim üçün yaxşı gəlirdir. Mən yaxşı məvaciblə sənətin zövqünü birləşdirdim. Bu çox gözəldir.

Həyat həmişə buna dəyər.

Nə qədər əzab-əziyyət və ya çətinlikləri öhdəsindən gəlmək lazımdırsa, həyat gözəldir və yaxşı yaşamağa layiqdir. Mən doğulandan bəri həyatı sevirəm və özüm üçün gözəl bir hekayə yazmağa hazırlaşıram. Sizinlə paylaşıram ki, mən böyük qalibəm. Mən böyük bir döyüşçü idim. O, qorxmadan hər maneə ilə mübarizə aparırdı.

Mən həmişə öz qabiliyyətimə inanmışam. Mən həmişə istəklərimin arxasınca qaçmışam. Mən necə uduzmağı bacarırdım və bəzi xəyallardan əl çəkdim. Ancaq yeni layihələr həyata keçirir və yenidən həyata keçirirdim. Mən heç vaxt kədərlənə və məhv ola bilməmişəm. Bəli, inanıram ki, hər şeydən çıxış yolu var. Beləliklə, inanırdı ki, mən bu gün burada daha dinc, qərarlarıma əmin, xoşbəxt və yeni həyat fırtınalarına hazıram.

Sərçə kimi azad ol.

Sərçə kimi azad ol. Azad ol, çünki bu sənin ən böyük nailiyyətindir. Bir çox insan qaça bilməcəyəsiniz həbsxanalarda yaşayır. Zindanda yaşamaq və başqalarını razı salmaq o qədər işgəncədir ki. Buna görə də, bu, həyatın mənasız və mənasız olmasıdır.

Sonsuza qədər azad bir həyat yaşamağı xəyal etmişəm, amma şərait məni elə tələyə salıb ki, qaça bilmirəm. Mənim yeganə azadlığım yazmaqdır. Bu, mənim bütün həyatımı tamamilə dəyişir. Nəhayət ki, öz ədəbiyyatım vasitəsilə daha gözəl günlərin xəyalını qururam. Gələcək isə mənə daha yaxşı taleyə ümid verir. Allah hamımıza xeyir - dua verir.

Bir gəzinti köhnə ferma, Calumbi şəhəri

Biz köhnə ferma kəndində, Calumbi şəhərindəyik. Braziliyanın hər hansı bir kəndi kimi, bir tərəfdən o biri tərəfinə qədər küçələr, kənd aspekti azdır.

Biz ruhani Toni adlı bacının evinə köçdük. O, «Gözətçi qülləsi» rubrikasının oxucularında biridir.

Toni

Xoş gəldin evimə, əziz dostlarım. Mən sizin yazıçı kimi fəaliyyətinizin həvəskar oxucusuyam. Köhnə ferma olan bu cazibədar yeri bilmək dəvətimi qəbul etdiyiniz görə minnətdaram.

Allaha bənzər

Təşəkkür edirik. Braziliya ilə tanış olmaq axtarışında böyük macəraçıyam. İstənilən fürsət xoş qarşılanır.

Dağ ruhu

Pernambuco interyerində bu tarixi yeri çox sevirdim. Bir az sehri və ehtişamı var. Bundan daha çox sirləri öyrənməyə hazıram.

Beatriz

Havada sehr və yaxşı enerji hiss edirəm. Orqanlar mənə deyir ki, irəlilə və kəşflər edim. Görünür, hər şey yaxşı gedir.

Renato

Biz qələbəyə doğru yeni addım atırıq. Bu, tariximizin başqa bir fəslidir. Gəlin irəli gedək.

Toni

Bu mənə çox sevinc gətirir. Gəlin, mənim alçaq evimə daxil olaq. Sadə, lakin çox rahat bir yerdir.

Kvintet evə daxil olur, qonaq otağına daxil olur və məşqçi məskunlaşır. Bir az səylə hamısı uyğun gəlir.

Toni

Böyük müdrik insan olan nənəm İqnasya sizə təqdim edim. Mən ona hamınızdan danışdım.

İqnasya

Görürəm ki, sən böyük komandasan. Səninlə tanış olmaq böyük sevincdir. İlahi, yolun nurla doludur. Mən sizdə sənətə, intellektual sahəyə, öyrənmə və müdrikliyə açıq-aydın meyl görürəm. Dağın ruhu, onun qədim yolu ilahi yolu ilə qovuşur. Onlar birlikdə problemləri həll edə və böyük nailiyyətlərlə qarşılaşa biləcəklər. Renato, sən həmişə əvəzolunmazsan. Hər bir macəra ilə siz daha çox diqqətə çarpmasınız. Beatriz, bu psixoloqla bu əməkdaşlıq uzun müddət davam edib. Onlar orta məktəbdən bəri dost olublar, onlardan biri həmişə digərinə çox dəstək olub. Beləliklə, dörd nəfəriniz peyğəmbər seriyasını davam etdirmək üçün ideal personajsınız. İnan ki, nəticələr çox böyük olacaq.

Allaha bənzər

Heyranedici hədiyyən var, bal. Həqiqətən də, biz çox yaxınıq. Yaşadığımız hər şey xüsusilə vacib və konstruktivdir. Çox şadam ki, baxırsan.

İqnasya

Bu, mənim edə biləcəyim ən az seydi dostum. Hazırladığım nahara dəvət ovunursunuz.

Renato

Çox sağ olun. Biz hamımız sənin ədviyyatını dadmağı sevəcəyik.

Onlar bir az daha söhbət etdilər. Çox keçməmiş onlar nahar edib kəndin ətrafında gəzməyə yolandılar. Hər şey çox cazibədar və vəd edilmiş xəbər idi. Günortadan sonra növbəti çətinliyə doğru irəlilə.

kiçik nağara, Calumbi kəndi turu

Hava buludludur və saatda yüz kilometr sürətlə hərəkət edən maqnit küləyi ilə həmsərhəddir. Hətta şiddətli hava şəraitində belə, görənlərin məğlubedilməz işçiləri üçün yeni macəra təklif olunur.

Biz kiçik nağara, Calumbi kəndindəyik. Braziliyanın şimal-şərqində yerləşən hər hansı bir kəndə bir tərəfdən o biri tərəfə yayılmış kiçik bir ev toplusudur. Kvartet küçədə təmizlik işləri ilə məşğul olan xanıma yaxınlaşana qədər kəndin küçələrində keçir.

Dağ ruhu

Biz Pernambuco içlərində olan güclü sehrbaz olan böyük qabaqda axtarırıq. Bizə yol göstərə bibərsinizmi, xanım?

Kleid

Mən bu məndən bilirəm. Buradan 2 blok aralıda yaşayır. Sadəcə iki dəfə sağ tərəfə keçib üçüncü evə doğru irəlilə. Heç bir səhv yoxdur.

Dağ ruhu

Çox sağ ol canım. Xəbəri alırıq. Sülhdə olun.

Qrup həmin qadının tövsiyələrinə əməl edir. Təxminən on beş dəqiqə ərzində onlar artıq istinad olunan evin qapısını döyürlər. Səni görmək üçün hündür, Qara, əzələli bir adam gəlir.

Böyük nərd

Nə istəyirsən, yadlar?

Allaha bənzər

Mənim adım ilahidir, mən isə görücü qrupunun nümayəndəsiyəm. Mən buranın böyük cəldini axtarmağa gəlirəm.

Böyük nərd

Sən öz-özünə danışırsan. Yəni bu, dünyanın ən önəmli ədəbi seriyası olan peyğəmbər seriyalının qrupudur?

Beatriz

MÖVCUDLUQ VƏ DIGƏR RƏVAYƏTLƏRIN FIRTINALARI

Həqiqət. Biz psixiatr seriyalının istedadlı rəssamlarıyıq. Tale bizi bura gətirib. – Buna nə deyilsiniz?
Böyük nərd
Xahiş edirəm, mənim alçaq evimə daxil olun. Sizinlə danışmaq üçün əlverişli zaman olacaq.
Renato
Sənin münasibətin xoşuma gəlir. Mənə elə gəlir ki, ciddi adamsan.
Böyük nərd
Çox sağ ol, cavan oğlan. Gəlin içəri girək.
Hamı ev sahibinin xahişinə tabedir. Bu kişi hansı sirləri gizlətdi?

Müdriklərlə nahar

Nahar verilir. Onlar yemək yeyərkən yayınırlar.
Böyük nərd
Mən sənin işin üçün böyük fantam. Ədəbiyyatda bu qədər xüsusi olan bu yolda kəndimiz üçün darıxa bilməzdik. Bu gün isə biz buradayıq, günortadan sonra dinclik içində itmişik.
Dağ ruhu
Bizim haqqımızda nə görürsünüz?
Böyük nərd
Böyük komanda işi görürəm. Müxalif qüvvələrin macərası bizə göstərdi ki, ikilik tarazlığı yaratmaq üçün zəruridir. Canın qaranlıq gecəsində qaranlıq tərəfimizi idarə etməyi və anlamağa öyrənirik. Mən kiməmsə, özümüz olmağı öyrənirik. Allahın kodunda Allahın həqiqi xüsusiyyətini aşkara çıxarırıq. (Ya Peyğəmbər!) Sən də onların ardınca get.
Allaha bənzər
Bəs mənim şəxsi yolum?
Böyük nərd
Sənətlə uğur, sevgi və zövq görürəm. Tək bir sevgin olacaq. Bu sevgini uzun müddət sonra insanın köməyi ilə çapacaqsınız. Bu, kölgələr və təqiblər dövründən sonra baş verəcək.

Allaha bənzər
Bəs bu necə olacaq?
Böyük nərd
Mən hələ də bunu dəqiq görmürəm. Amma bir neçə ehtimal var. Bu sevgili ilə ilk tarix onun səfərlərinin birində ola bilər, restoranda, çimərlikdə, hətta marketdə bir tarix ola bilər. Mən sadəcə əminəm ki, sevgi sənin qəlbində çiçək açacaq və bu sənə çoxlu xoşbəxtlik bəxş edəcək.
Beatriz
Yaxşı şeylər, hə, dostum? Mən sizin üçün olduqca xoşbəxtəm.
Renato
Sən buna və daha çoxuna layiqsən.
Allaha bənzər
Bu mənim intuisiyalarımı təsdiq edir. Amma əminəm ki, bir müddət vaxt alacaq, çünki hələ də qaranlıq döngədə qalmışam.
Dağ ruhu
İnan ki, böyük Allah öz hekayəsini münasib vaxtda dəyişə bilər. Bu müddətdə şəxsi layihələrin izlə məşğul olun.
Allaha bənzər
Həqiqət. Vaxt itirmərəm. Həyatdan bacardığım qədər zövq alacağam.
Hər kəs sevinir, qucaqlayır. Yemək çox yaxşı idi və onlar ünsiyyəti davam etdirmək üçün vaxt ayırarlar. Təcrübə və istəkləri bölüşmək çox xoş idi. Qrupa uğurlar.

Sözdə diqqətli olun.

Sözlər güc və qüdrətə malikdir. Sözlər xoşa gəlsə də, həm də incidir. Ona görə də nə etdiyiniz diqqət edin və danışın. Çünki bu, digərinin həyatına ciddi nəticələr verə bilər.

Çox vaxt başqalarının kobud baxışları və yanlış sözləri məni incidirdi. Bu, mənim yaddaşımda sağalmaz yaralar əmələ gətirib. Əgər insanlar bu qüvvə haqqında təsəvvürə malik ol saydılar, müharibələr aça və ya sülhü qoruya bilərdilər.

Ata kimi dostunun qayğısına qal. Ona təkamül etməkdə kömək edin və onu məhv etməyin. Başqalarında fərqli olun və fərq edin. Yaxşılıq daşıyıcısı olduğuna görə peşman olmayacaq san.

Bəzən susmaq ən yaxşı cavabdır.

Hər şey üçün anlar var. İş və istirahət üçün digər anlar olur. Səyahət üçün anlar və düşünmək üçün digər anlar var. Danışmaq və susmaq üçün başqa anlar olur. Bəzən susmaq xışmaladığımız şeylərə və narahatçılığa görə ən yaxşı cavabdır.

Zorakılığı dəf etməyin mənası yoxdur. Buna layiq olmayanla üçün əmin-amanlığa risk etməyə dəyməz. Başqalarının arzusu ilə xəyallarınız sadəcə tərk etməyə dəyməz. Qərar larınızda həmişə azad və avtonom olun. Tariximizi məhz səhvlər və uğurlarla qururuq. Bəli, bizi mühakimə etmək heç kimin öz hökmünə düşməz. Yalnız tariximizi yaşadanlar özümüzdür, çətinlikləri təvazökarlıq, bağışlamaq və sevgi ilə taxırıq. Sadəcə xoşbəxt ol.

Bu dünyada xarici görünüş çox vacibdir

Biz hər gün gözəllik mədəniyyətini yaşayırıq. Görürük ki, gözəllik mədəni tədbirlərə, məktəb mühitinə, işə, evdə və başqa hər yerdə böyük təsirə malikdir.

Nə yaraşıqlı adam olmuşam, Mənim böyük götüm belə yoxdur. Bəlkə də əsas səbəb bu idi ki, yoldaş tapa bilmirdim. Amma bundan əlavə, bəlkə də, ailə vəziyyətim də yoluna düşdü. Heç kim buynuz ağacına onun sülh və harmoniyası hesabına girməzdi. Bu və digər səbəblərə görə heç vaxt sevgim olmayıb. Artıq qırx yaşıma yaxınlaşıram və 2023-cü ildəyik.

Gəlin, ümumiyyətlə, oxumağı və incəsənəti təşviq edək.

Biz rəqəm sal dövrdəyik. Getdikcə daha çox insan internetə, oyunlara, pornoqrafiyaya, virtual işə, kinoya digər fəaliyyətlər arasında bağlıdır. Amma görürük ki, oxumaq bir az azdır. Buna görə də biz gözəl oxumağı qiymətləndir məliyik. Yaxşı kitablar bizə böyük əqli, ruhani fayda gətirir və biz onların vasitəsilə yeni dünyalar kəşf edirik. Buna görə də oxumaq və oxumağa təşviq etmək.

Festivalda təsnifat

İki yüzdən çox təbliğçi, ədəbi agent və film prodüseri məni rədd etdi. Ümidsiz sona çatmışam. Xəyalımı özüm gerçək əsdirmək qərarına gəldim. Balaca ev videolarımı hazırlayıram. Bu gün Tunisdə keçirilən bayramdan e-mail gəldi. Seçilmiş beş əsər. Müsabiqə: 119 ölkədən 3150 film. Mən isə, həqiqətən, ən yaxşı kimsələr dənəm! festivalından seçilib. Bu, çox xoş qələbə hissidir. Keçən həftə holywood festivalının direktorundan mənə onun festivalında iştirak etməyə dəvət edən e-mail gəldi. Düşünürəm ki, bir yerə çatmışam. Gəlin irəli gedək! Bundan başqa, çoxlu kitablarım çap olunub. Çox qətiyyətli olduğumu göstərən əlamət. Ona görə deyirəm ki, başqaları inanmasa da, xəyallarında əl çəkmə.

Ailəmin vəziyyəti çox ağır idi. Sevgi tapmaq üçün yeganə şansım gizli və ayrı-ayrı evlərdə olardı. Mürəkkəbdir, elə deyilmi?

Anam 2020-ci ilin sentyabrında öldü. Bundan sonra mən evimdə dörd nəfərə kömək etməyə başladım. Bilirəm ki, bu, mürəkkəb vəziyyətdir, amma bu, hər kəs üçün yeganə mümkün çıxış yoludur. Ailəmə kömək edə biləcəyim üçün özümü xoşbəxt hiss edirəm. Bunun müqabilində onların şirkəti var. Lakin, heç bir ciddi münasibətim ola bilməz. Mənim onlara qarşı bu qədər maliyyə borcum olduğunda, başqasına sadiq qaldığımı hiss etmirəm. Ən azından indi yox. Bəlkə də gələcəkdə imkanlarım olacaq. Bəli, sevgidə xoşbəxt olmaq üçün sona qədər mübarizə aparacağam.

Tənqidçilərimə cavab

Mən həmişəlik oxucu olmuşam. Beş yaşına qədər o, məktəbdə məktub yaza və onu danlaya bilirdi. Heç bir kitabım yox idi. İlk arzum öz kitabım olub. Amma pulum olmadığı üçün məndə yox idi. Bu problemin həlli zibilə gedib, geyilmiş nüsxələri götürmək idi. Didaktika, hətta klassika da ala bilirdim. Bütün kitabları emal etdim. Çox oxuduqdan sonra xəyalım yazmağa başladı. Bəs necə nəşr etmək lazımdır? Mənim nə bir növ aparatım, nə də dəftərlərim var idi. Məktəbin mənə verdiyi vərəqlərin üzərində yazdım. Bir yerə yığışardı, bir yerə yığardı. Bu mənim kitabım idi. İlk işim Müqəddəs Kitabı araşdırmaqla yazılmışdı. Sinif yoldaşlarım məni ələ salırlar. Onlar dedilər: "Sənin heç bir dəyərin yoxdur. Bu, sizin müəllifliyiniz deyil. Quru udum. İndi mənim çoxlu əsərlərim çap olunub. Düşünürəm ki, bu, tənqidçilər üçün yaxşı cavab idi. İlk romanımı 13 ildən sonra kitab mağazalarında buraxacağam . Nə olacağını bilmirəm. Bildiyim hər şey odur ki, heç vaxt təslim olmaya cağam. Sizdən də bunu xahiş edirəm. Trayektoriyamızda hər addım qələbədir.

Mənim gözəl həyat yolum

Mənim adım Aldivan Torres, mən Braziliyanın şimal-şərqindən olan nəcib mistikəm. Mən uşaq yaslarında həyatın çətinlikləri ilə üzləşməli oldum. Biz səksən və doxsan il ərzində minimum əmək haqqı ilə yaşayan yeddi nəfər idik. Biz çox əzablı həyat sürürdük, amma ac qalmamışdı.

Allaha şükürlər olsun ki, ictimai layihə vasitəsilə ədəbiyyatla tanış olmaq və öyrənmək imkanım oldu. Onlar çətin illər idi, lakin mən çoxlu ümidlə və gələcəyə ümidlə həyat sürürdüm. Mən, yeniyetmə yaşlarımda, canın qaranlıq gecələrini yaşayırdım. Nəfsin qaranlıq gecəsi allahdan üz döndərdiyimiz və günah içində yaşadığımız bir dövrdür. Bu mərhələdə səhrada məni xeyirlə şəri bilməyə təşviq edən böyük qüvvələr yaşadım. Bu dövr mənim üçün dünyada oynadığım rolu başa düşmək üçün olduqca önəmli idi.

Mən böyüdüm, kollecdə təhsil aldım, ictimai tenderdən keçdim və ədəbiyyata daha sərt qayıtdım. İşdən sonra xəyallarımı həyata keçirmək üçün özümü cəsarətli hiss edirdim, çünki indi kiçik şansım var idi. Amma sadə bir şey yox idi. İşlədiyim üç işdə münasibətlərimdə problemlər var idi və ədəbiyyat mənim xilasım idi, çünki bu, mənim şəxsi müalicəm idi.

Yeddi il yeni işdə işlədikdə sonra mən uzaq bir işdə qaldım. Bu, mənə özümü ədəbiyyatlarıma həsr etməyə daha çox cəsarət və vaxt verdi. 3 ildir ki, uzaq işdəyəm və çox razıyam. Dəqiq nə vaxt üz-üzə işə qayıtmalı olacağımı bilmirəm. Amma evdə olduğum müddətdə hər an zövq alıram.

2023-cü ildir. İndiyə qədər otuz yeddi kitabım çap olunub. Artıq on altı illik ədəbi karyera, gəlmələr və gedişlər arşındadır. Mən özümə kömək etmək üzrə mütəxəssis oldum və bu, emosional məsələləri həll edir. Mən bu missiyada çox xoşbəxtəm və müəssisənin hündürlüyünə uyğun olacağına ümid edirəm. Mən yol verirəm ki, tale məni hadisələrin axarı ilə aparım. Hər şey məni hər şeyin yaxşı olacağına inandırmağa vadar edir.

Sadiq dostları tanımaq asandır.

Kiçik yaşlarda işdə dostluq məsələsində çox yanılırdım. Mən dəyərsiz insanlara etibar edirdim. Bir dəfə əməkdaşımla problemim olmuşdu. Mən bu məsələdə haqlı idim. Digərləri isə mənə dəstək olmaqdasa, təqsirkarın tərəfini tutur.

Bu hadisə mənim üçün böyük məyusluq yaratdı. Onlar sadəcə olaraq yaxşı olma yanların tərəfini tutmalı idilər. Onların mənim dostlarım olmadıq larini başa düşdüm. Onların əksəriyyətini sosial şəbəkələrdən sildim. Əsl dost hər zaman yanımızda dayanandır. Əsil dost yaxşı və pis vaxtlarda sənə dayaq olur. Yer üzündə heç vaxt əsl dosta rast gəlmədim. Mənim böyük dostum məni heç vaxt tərk etməyən Allahdır.

Həmişə əlinizdən gələni edin

Vaxt çox sürətlə gedir. O, bizi boğur, bizi xəbərdar edir, bizi xəbərdar edir, bizə yol göstərir və yol göstərir. Bunların hər biri ilə bəzən bizi axunddan çıxardan tələblər gəlir. Əsl məsələ vəziyyəti soyuqqanlı şəkildə təhlil etmək, başınızı qaldırmaq, irəliləmək, bütün insanlara ən yaxşısını verməkdir. Gəlin pis intiqam nümunələrini təqlid edək. Bizə pislik edənləri bağışlayaq. Gəlin təkamül edək, pis keçmişi unudaq, daha yaxşı və daha yaxşı olaq. Hər yeni gün hər kəs üçün yeni bir ümiddir.

Mübarizə vaxtları olacaq, amma qələbəyə həmişə ümid var

Həyatımız çətinliklər və mübarizələr ardıcıllığıdır. Biz həyatın bizi üstələdiyi hər bir bədbəxtlik qarşısında hazır olmalıyıq. Yıxılmaq, uğursuzluq ar, məyusluqlar, eyni zamanda daha yaxşı günlərə ümid etmək olacaq. Etibar edin, intuisiyanıza əməl edin və növbəti addımları atın.

Həyatımda yaranan hər bir problemə həmişə baxmışam. Üzümdə təbəssümlə kiçik və böyük problemlərlə üzləşdim. Və həyatımda hər bir qeyri-adi məsələnin həmişə həlli olub. Bu gün özümü həyatın hər bir sahəsində qalib kimi hiss edirəm. Düzdür, mən bir dəfə də olsun görüş tapa bilməsəm də, özümə hörmət etməyi öyrəndim. Atdığım hər addımın əsas məruzəçi oldum. Səhv etsəm də, heç vecimə də deyildi, çünki həyat səhvlərdən, zərbələrdən, qələbələrdən və büdrəməkdən ibarətdir. Bütün bunlar Hər birimiz üçün Allah tərəfindən yazılmış böyük hekayənin bir hissəsidir.

Diqqətli olmaq taleyin onlara verdiyi əlamətləri sezmək üçün çox vacibdir. Biz özümüzü tale yolu ilə yönəlt məliyik. Bizi həyatımızın hər bir və ya universal sualının doğru nöqtəsinə məhz O gətirir. Bu, Allahın bizim üçün, Onun ən dərin iradəsi və mahiyyəti ilə istədiyidir. Buna görə də bu böyük gücdən imtina et və heç vaxt heç nəyə sahib olma.

Qüsurlarınız və keyfiyyətləriniz qiymətləndimi.

Hər gün daha yaxşı insan olmağa çalış. Səhvləriniz düzəldin, yaxşı əməlləriniz daha da böyüt, nəcib işlər üçün iş görəsiniz. Allah sizi xeyir-bərəkətli etsin. Yaxşı insan kimi, qayıdış qanunu vasitəsilə yaxşılığın bəhrəsini biçəcəksən.

Qayıdış qanunu həqiqətən də mövcuddur. O, yaxşını mükafatlandıra, pisləri isə cəzalandıra. Heç kim bu dünyanı ilk növbədə borclarını ödəmədən tərk edir. Başqa bir həqiqi qanun cazibə qanunudur: Bir-biriniz üçün nə istə irsinizsə, iki dəfə geri qayıdırsınız. Əgər siz (kim sənə qarşıdır) kin-və ə ' yöndən əziyyət çəkisinizsə, (bil ki) sizi üç dəfə (dünyada və ya axirət əzabı ilə) məhv edər.

Siz risksiz yasamsınız.

Nə baş verəcəyini heç vaxt dəqiq bilmirik. Buna görə də biz cəhd üsulu ilə kor-koranə yaşayırıq. Bir çox layihələriniz işə yaramayacaq və bir müddət işləyəcək, sonra isə uğursuzluğa düçar olacaq digərləri var. Amma bir şeyə əminəm: cəhd etməsəniz, heç bir nəticə əldə etməyəcək. Bəli, allahın iradəsinə görə müvəffəqiyyətsizliyə uğramağının heç bir faydası yoxdur, çünki bu, həqiqətə uyğun deyil. Bu, sizin uğursuz hərəkətləriniz, pis planarinizin nəticəsi idi. Bu, Allahın iradəsi deyildi. Allah hər bir halda sizin layihənizi dəstəkləyir. Ancaq pis edam böyük uğursuzluq ara gətirib çıxarır.

Bugünkü məğlubiyyətlər bizi sabaha olan qələbələrə hazırlayır.

Həyatımızda baş verən hər bir vəziyyət yetkinləşməyi miz üçün vacibdir. Xüsusilə uğursuzluq ar bizə daha təvazökar, daha təsirli olmağı, daha analitik və inandırıcı bir məlumatlılıq, səbirli, davamlı və dözümlü olmağı öyrədir. Bu gün yaşadığımız hər şey sabahımızın gələcəyini qurur.

Demək olar ki, qırx il ərzində mən böyük bir dövr yaşamışam. Bütün bu təcrübələr mənə həyatın böyük müdrikliyini və emosional qəsrlər tikməyə kömək etdi. Həyatın müxtəlif sahələrində ki bu emosional qəsrlərin hər biri mənə deyir ki, hər bir layihəmdə daha effektiv olmalıyam. Mən düzgün yoldayam və hər gün görürəm ki, əhəmiyyətli irəliləyişlər etmişəm. Bəli, bir çox məyusluqlar arasında böyümək mümkündür.

Etdiyim seçimlərə görə peşman deyiləm. Əgər mən yenə seçim etməli olsaydım, mən də belə edərdim. Mən heç bir əzab və qələbəni silib-silməzdim, çünki bu, həyatın bir hissəsidir. Bu vəziyyətlərin hər biri ilə özümü dəyərlənirəm və ağlımda düzgün məqsədlər olmağı öyrəndim. Allahın lütfü ilə hər şey olar.

Böyük məyusluqlara baxmayaraq, hesab edirəm ki, həyat buna dəyər.

Mən çox bəxtsiz insan idim, xüsusilə də sevgidə. Düşünürəm ki, bu pis bəxt deyil, əsas odur ki, mən sevgi aləmində məqbul normalar daxilində deyiləm. Cazibədar olmadığım üçün bütün insanlar məni sevən cütlük kimi rədd etdilər və bu, məni uzun müddət kədərləndirdi.

Ancaq bugünkü təcrübəmlə özümü çox yaxşı hiss edirəm. Mən xoşbəxt subayam, yaxşı məskunlaşmışa, zəhmətkeşəm. Heç nə məni xoşbəxt olmağa qoymur. Çünki içimdə xoşbəxtlik hissi var. Xoşbəxt olmaq istəyəndə heç nə bizə mane ola bilməz. Bu cür mübarizə aparmaq üçün tənhalıq hissi ilə bağlı böyük səbəb tapdım. Mən öz missiyam üzərində düşünməyə davam edirəm və görürəm ki, düzgün yoldayam.

Keçirdiyim bütün məyusluqlar məni daha yaxşı başa düşməyə vadar edirdi. Səylərim, xəyallarım, arzularım, məqsədlərim və Allahla münasibətim məni valeh etməyi öyrəndi. Başa düşdüm ki, bu qədər büdrəməsinə baxmayaraq, heç nəyim yoxdur. Hər şeyim olsaydı, kainata qarşı ədalətsizlik olardı. Hər şeyə ehtiyacım yoxdur. Əslində, mənim, demək olar ki, heç nəyə ehtiyacım yoxdur.

Heç nə əbədi deyil.

Sevgi illüziyası romantikanın sonsuza qədər olacağına inanmaqdır. Qətiyyən heç nə əbədi deyil, hətta bizim həyatımız da. Hər şeyin başlanğıcı, orta və sonu var. Yəni, sevginin hər anını sanki sonuncu kimi yaşa. Nə qədər ki, sevgi davam edir, həzz anlarında zövq alın, səyahət, xoş bayramlar, söhbətlər, nəhayət, yaşamalı olduğu kimi yaşayaq. Münasib vaxtda bütün bunlar bitdi və siz başqa yerdən başlamağa çalı saçaqsınız.

Başqalarının hissləri ilə oynama. Münasibətlərdə sadiq və doğru olun. Nəyə görə yalan danışır? Bir-birini incitməyə ehtiyac yoxdur. Birbirimizə qarşı dürüst olduqda, əsərin sonundan sonra da onunla dostluq qura bilərik. Bu, yalnız yaşadığınız xoş anların yaddaşında olacaq.

Dünyanı yaxşılaşdır maqdan heç vaxt əl çəkməcəliyik

Biz mürəkkəb dünyada yaşayırıq. Daim pisliklər olan bir dünyamız var. Lakin bu, sizi təkamüldən və sizin və dünyanın ən yaxşılarını axtarmaqdan çəkindirməsi. Əgər hamı müsbət düşünürsə, yaşamaq üçün daha xoş planet qura bilərik.

Birlik, həqiqətən də, qüvvət verir. Yaxşılıq naminə bir yerə yığışsaq, hər şey, həqiqətən də, daha yaxşı axar. Elə vəziyyətlər yaranacaq ki, siz təslim olmaq istəyə əksiniz, amma heç vaxt bunu etməyin. Potensialınıza inanın və missiyanızı davam etdir. Gələcəkdə onun yaxşılığının bəhrəsini biçəcəksən. Qayıdış qanunu həmişə effektivdir.

Lazım gəldikdə hərəkət edin

Məhz həyatımızın ən dəhşətli anlarında bizə dəstək və rəhbərlik lazımdır. Əsl dostlarımız və ya dostlarımız ehtiyacımız var ki, bizi sevindirə, məsləhət versin və bizi dinimizi sındıra. Bu kömək bizi daha yaxşı günlərə inandırır.

Bununla bəxtim çox olmayıb. Bu ana qədər yalnız ailəmin dayını ala bilərdim. Digər yadlar isə məndən uzaqdırlar və mənim üçün çox az əhəmiyyət verirlər. Amma əksər hallarda bu cür olur. Dünya o qədər sürətlə fırlanır ki, bizi güc-bəla ilə maraqladırmı. Basqımızdakı bu tənhalıq hissinə yaxşı bələd olmalı və onu qəbul etməliyik.

Dünyanı müşahidə yolu ilə necə başa düşməyi bilmək lazımdır.

Dünya nəhəngdir və müşahidəmizi daim gözləyir: çaylar, çimərliklər, fermalar, şəhərlər, qəsəbələr, kəndlər, dağlar digər təbiət hadisələri arasında. Dünyanı başa düşəndə arzularımız və narahatçılığımızı daha yaxşı başa düşürük.

Biz sülhə ibadət edəndə daima bizə bol - bol verən və daima su bəlkə gözəl enerjini hiss edirik. Odur ki, heç kəslə çəkişmə. Başqaları ilə barışmaq və onların təkamülə düçar olmasına kömək etmək üçün sağlam dialoqdan istifadə edin.

Yoxsula, zəifə və yoxsula dəyər vermə

Hər zaman ən çox ehtiyacı olanlara kömək edin. Allahın xoşuna gəldiyi üçün bacardığınız hər kəsə kömək edin. Ancaq həmişə başqalarına öz yaxşı əməllərini söyləməyə və kömək etməkdən daha üstün olduğunu hiss etməyə davam etmə. Siz heç vaxt bizim gələcəyimizin nə olduğunu və hansısan yardıma ehtiyacınız olacağını dəqiq bilirsiniz.

Kömək etmək üçün özünüzü xoşbəxt hiss edin, amma həmişə sirr saxlayın. Maddi vəziyyəti yaxşı olan heç kimi alçaltmayın. Müqəddəs Kitabda deyilir ki, alçaldılmışa ucaldılacaq. Yoxsullara zülm etdiyin zaman onların əleyhinə çıxmaq sənə ağır gələcəkdir.

Yeni vəziyyətlərə, təkmilləşməyə və növbəti anlamağa açıq olun

Müasir insanın, yeni vəziyyətlərə açıq, dözümlü, anlayışlı və bağışlanan azad düşüncəli bir insanı konseptual asdırıram. Əgər bu dərəcədə təkamülə nail olsanız, xoşbəxt olmağa və yoldaşınızı xoşbəxt etməyə hazır olacaqsınız.

Təəssüf ki, ailə üzvlərimin fikri qapalıdır. Onlar, əvvəlki kimi, qabaqcadan yaranmış mənfi rəylərdən və köhnə işlərdən yapışan köhnə insanlardır. Dünya dəfələrlə dönüb və onlar həmişə olduğu kimi, bu gün də eyni fikrədirlər. Onları dəyişmək istəməyin mənası yoxdur. Mən, onlardan fərqli olaraq, mədəniyyətə, yeni siyasi, mədəni və fəlsəfi təzahürlərə malik olan bir insanam. Mən başa düşürəm ki, dünya çoxluqdur və azad ifadə etmək hüququna malikdir. Buna görə də mənim kimi, dini fanatik və ya daha az qərəzli olmayan insan kimi ol. Dünyada mövcud olan müxtəlifliyi yaşa.

Nə qədər ki yaşayıram, insanlara yaxşılıq edəcəyəm.

Yer üzündə nə qədər yaşayacağım dəqiq bilmirəm. Amma nə qədər ki, həyatım var, mən bu günə qədər olduğum yaxşı insan olaraq qalmaq niyyətindəyəm. Artıq yaşadığımız kimi, sən də öz həyat tərzinlə başqalarını parçalamağa, günaha, günaha və ya zərərə sərf etməyə dəyməz.

Bizim yeganə əminliyimiz ölümdür. Ölüm mütləq olduğu üçün, nəyə görə indiki anı yaxşılıq etmək üçün istifadə etməyək? Daha ədalətli, daha dürüst, daha uyğun, daha az bərabərsiz planetə, başqaları üçün bir çox imkanlara malik olmağa töhfə vermək xüsusilə yaxşıdır. Başqaları üçün etdiyimiz azlıq bir-birimizin həyatında əhəmiyyətli dərəcədə fərq yaradır.

Nə qədər ki, içimizi eşitməsək, bədbəxt qalacağıq.

Düşünmək və düşünmək, biz öz daxili ilə dialoq və onların real ehtiyaclarını anlamaq. Emosional tarazlığımız olanda və bir-birimizi dərindən tanıdıqda, həyat keyfiyyətindən böyük sıçrayışlar edirik.

Mənim həmişə çox güclü intuisiyam olub və bu, mənə qərarlarımda yol göstərir. Bu gün mən çevik insanam, çünki nə istədiyimi və həyatda olmalı olduğum döyüşləri dəqiq bilirəm. Beləliklə, həyatınızda qələbə şansının daxili təhlilini həyata keçirin və irəliləyin.

Layihələriniz nəzərdən keçirin.

Əgər planlarınız nəticə verməyibsə, layihələriniz başmağınızın vaxtıdır. Bunun həqiqətən də mümkün olduğuna əmin olun, çünki əgər belə deyilsə, planlarınız daha yaxşı dəyişin. Bəli, sizin üçün xeyirli olmayacaq bir şeyə illərlə təkid etməyin heç bir mənası yoxdur.

Daxildə analiz edin, ən yaxşı yolu izləyin və xoşbəxt olun. Bəli, ən yaxşı imkanlar qarşımızda ola bilər. Biz bunu görmürük, çünki uğursuz layihələrdə israr edirik. Sonra da (ey insanlar!) sayın (dünyada etdiyiniz əməllərin sizə heç bir maneəsi olan) sayın.

İttiham etməzdən əvvəl hərəkətlərin üzərində düşün.

Biz hamımız əməlləri mizdə qüsursuzuq. Lakin bir çoxları kamil həyat tərzi sürən insanların həyatını tənqid edirlər. Bir çox insanlar özlərini daha üstün və ağıl sahibləri hesab edir, heç vaxt iflasa uğramayacaq ları illüziya yaşayırlar. Lakin siz reallığa bağlı almalısınız.

Daha az tənqid etməyə və daha çox təkamül etməyə çalış. Həyatınızın qayğısına qalmağa və digərinə daha az əhəmiyyət verməyə çalışın. Birbirinin xoşbəxtliyini görmək və sənə daha da çox xoşbəxtlik arzulamaq çox xoşdur. Qardaşlarımız tərəfindən yuxuların həyata keçməsini görmək çox xoşdur. Buna görə də tənqid etmək əvəzinə, başqalarının həyatında dayaq nöqtəsi ol.

Səhv edəndə qəbul edin.

Bir çox insanlar səhvə yol verəndə elə bilirlər ki, hər şey yaxşıdır və ya problemlərin səbəbkarı olduğunu qəbul etmirlər. Bəli, bu vaxt çox sakit. Əgər səhv etmişəsə, bu tamamilə normaldır. Bu ilk və ya sonuncu dəfə darıxmayacaq.

Səhv edəndə səhvi götürüb düzəltməyə çalışıram. Səhv etmək sizə heç bir fayda verməz. Əksinə, bu sizi saxta zindana qıfıllayacaq və siz heç vaxt sağalma yancaqsınız. Səhvi etiraf etmək, təkrar başlamaq və növbəti bir neçə dəfə daha az səhv etməyə çalışmaq lazımdır. Bunu təbii olaraq çox tələb etmədən edin.

Hər kəslə anlayışlı ol.

Getdiyimiz hər mühitdə insanlarla necə davranmağı bilməlisən. Getdiyimiz hər yerdə yaxşı və pis insanlar olacaq. Buna görə də, əsas etibarilə, onların hamısına qarşı dözümlü olmalısan.

Bu insanlar arasında dostlara bənzər insanlar, iş yoldaşlarına bənzər insanlar, yaxınlığınız olan insanlar, sevmədiyin iz insanlar və ya sizə nifrət edən insanlar olacaq. Bu qrupların hər biri sizi müxtəlif reaksiyalarla təhrik edir. Həqiqətən də, gündəlik həyatımızda bu cür ədavətli qruplarla yaşamaq çox çətindir.

GLBT qrupunda olduğum üçün başqa insanlarla yaşamaqda bir çox çətinlikləri vardı. Getdiyim hər bir yerdə özümü müqavimətli hiss edirdim. Həmçinin hər yerdən mənə qərəzli münasibət də gəlirdi. Cəmiyyətdə təqib olunan azlığın bir hissəsi olmaq necə də kədərlidir. Əslində, ailəmizdən kənarda güvənməyə kimsə yoxdur. Amma şükür Allaha, yaxşıyam. Ürəyimdə özümə hörmət hissi inkişaf etdirmişə və xoşbəxtliyim var.

Həmişə qəlb rahatlığınız qoruyun

Həmişə sakit ol. Hər hansı bir səbəbə görə qəzəb, nifrət və ya kəskin məhəbbət hiss edəndə, hər hansı bir hərəkətə keçməzdən əvvəl üç dəfə nəfəs alırsan. Biz çox vaxt ifrat əhval - ruhiyyəyə xas olan əhval - ruhiyyəyə və ya emosional cəhətdən nəzarətsizliyə məruz oluruq. Biz tez-tez münasibətimizə görə peşman oluruq, lakin artıq ziyan dəymişdir.

Mən hisslərimlə son dərəcə nəzarət altında olan insanam. Amma etiraf edirəm ki, bəzən başqalarının provokasiyasına görə nəzarətdən çıxırdım. Buna görə də emosional nəzarətiniz nə qədər çox olsa da, çox ehtimal ki, müəyyən hallarda nəzarətdən çıxacaq.

Qürurlu insanlar heç vaxt tam uğur qazana bilməzlər.

Qürur insanın hiss edə biləcəyi ən pis hissdir. Təkəbbürlü insanlar həmişə özünü başqalarında üstün hesab edir və təvazökar insanlara hörmət etmirlər. Bəs nəyə görə? adam sadəcə müəyyən rəf ömrü olan qurddur. Sahib olduğun bütün pul, gözəllik, şöhrət, arxandadır. Əsl taleyimiz ölümdür. Ölümdən sonra bu dünyadan heç nə qalmır.

Əgər hər kəsin vicdanı ölüm olsaydı, biz daha yaxşı davranardıq və daha az səhvlərə yol verərdik. Biz daha çox xeyriyyəçilik edərdik, daha çox səyahət edərdik, bu gün edə biləcəyimi işləri sabaha buraxmazdıq. Ölüm qaçılmazdı, amma görünür, çoxları bunu başa düşmür.

Sadiq dostunuzu tanımağı bacarır.

Saxta dostlara diqqət edin. Kim sizi həqiqətən də bəyənir? Heç vaxt xasiyyətini bilmədiyin insanlara etibar etmə. Bunu edəndə özümüzü ruhdan düşmək ehtimalı çox olur.

Həyatda üzləşdiyi miz bütün məyusluqlar bizə böyük dərsdir. Bizim əsil məhəbbətimiz Allah və valideynlərimiz tərəfindəndi. Bundan başqa, o biri tərəfdən həqiqi hisslərin olması çox çətindir.

Bir-birimizi həbs etdiyimiz heç bir toxum yoxdur, biz heç vaxt eyni cür qarşılıq vermirik. Buna görə də yalan gözlənilərlər olduqca ehtiyatlı olun. Yaxşı olar ki, əvəzində heç nə gözləmədən kömək edəsiniz.

Yaxşı yol ilə getmək ən yaxşı seçimdir.

Əkdiyimiz tam bərpa etdik. Buna görə də, əgər yaxşılıq naminə çalışırıqsa, həyatımızda etdiyimiz hər bir işdə xeyir - dualıyıq. Amma əgər qəsdən pislik etsək, yaxşı taleyimiz olmayacaq.

Pislərin yaxşı taleyi olduğuna inanmaq illüziyadır. Bizi qınayan ilk şəxs öz vicdanımızdır. Pislik etsən, bir dəqiqə də olsun dinclik olmur. Əgər pis bir iş görsəniz, yaxşı işlər görməyin. Həqiqətən, sizin əzəldən müəyyən etdiyiniz () cəhənnəm odu sizindir.

Atçılıq vilayətinə səyahət

Gözəl atçılıq rayonuna getmək üçün bir ay maşın və sürücü əldə etməyə çalışdıqdan sonra nəhayət ki, onu düzəltdik. Ümid kənddən çıxıb Br 232 magistral yoluna çıxdıq. Orta səviyyəli avtomobil nəqliyyatı ilə biz səyahətə çıxmaq üçün gözəl və sakit yol qət etdik.

Biz at belində dövrəyə alıb ana xalamızın evinin harada yerlədiyin dəqiq bildik. Biz gəlib qapını döydük, xoş qarşılandıq və qohum larımızla söhbət etməyə başladıq. İki saatdan sonra mən kollecdə otaq yoldaşıma zəng etdim və o, on ildən sonra məni görməyə gəlmədi.

Onlar bu mübarək bazar günü günortadan sonra yaxşı söhbətlər edirdilər. Bundan sonra biz əsas kilsə, əsas meydan və hal-hazırda dağıldığımız kənd klubu ilə tanış olduğumuz vilayətə tez-tez ekskursiya keçirdik. Şəkillər çəkib suvenir kimi saxlayırıq. Çox keçməmiş biz bir can yuyub getdik. Bu, demək olar ki, qırx il ərzində mutanta ilk səyahətim idi. Bəlkə də bir gün on minə yaxın əhalisi olan bu mühüm vilayətə qayıdaram. Amma indi bu barədə heç bir planım yoxdur.

Kimsə sizin işinizi, sevgilinizi və ya əmlakınızı oğurlaya bilər. Hər kəsin səni qarət edə biləcəyi yeganə şey sənin təhsil və ya biliyindir.

Sizin təhlilləriniz, bilikləriniz və zəkanız fəth etdiyiniz və ömrü boyu heç vaxt uğursuz almayanaqsınız sərvətdir. Əslində, bu həyatda hər şey qeyri-müəyyəndir: iş, sevgi, sənin pulun, etibar, demək olar ki, hər şey qeyri-müəyyəndir. Bununla belə, sizin peşəkar qabiliyyətiniz və ixtisasınız sizi hər bir vəziyyətdə həmişə xilas edəcək.

Mən daha yüksək ixtisas səviyyəsinə qədər təhsil almışam, dillər üzrə təhsil almışam, kompüter elmləri üzrə təhsil almışam, insan tarixini araşdırıram və ədəbiyyat, musiqi və kino ilə məşğul oluram. Vaxt keçdikcə bütün nailiyyətlərim mənimlə qalır. Buna görə də həyatda qarşılaşdıq larin səni narahat etməsin. Elmdə axtarın. (Allah) sizə (əməllərinin) ən pisindən (bir-bir) xəbər verəcəkdir.

Yer üzündə kamillik yoxdur. Ona görə də bizim yeganə müəllimimiz Allah olmalıdır.

Həyatda biz bir neçə dəfə baş verən bir neçə hadisəni yaşayır. Biz müxtəlif cür öyrənmə, həyat ağaları, məsləhətçi qohumları və ruhani rəhbərliklər əldə etmişik. Əslində bütün bunlar nəzərə alınmalıdır. Amma biz başa düşməliyik ki, onlar kamil deyillər. Buna görə də biz onların pis düşüncə tərzinə uy mamalıyıq. Bu an bizə dərin nəfəs almaq, düşünmək və düzgün şəkildə emosional nəzarət etmək lazımdır. Həyatımızın hər mərhələsində Allahın bizdən nə tələb etdiyini anlamaq üçün intuisiyanızı edin.

Hər birimiz vacib biliyə malikik.

Heç bir tayfanın elmi və ya təhqiqatı sayəsində bir şeydə ondan daha artıq haqqın olmayın. Savadsızdan tutmuş həkimlərə qədər hər kəsin dünya üçün zəruri olan hansısan bilikləri var. Həmçinin mədəniyyət digərindən az əhəmiyyətli deyil. Bütün mədəniyyətlər dünyanın ən vacib mədəniyyətlərində biri olan Braziliya mədəni zənginliyimiz töhfə verir.

Bu gün biz texnologiya dünyasında yaşayırıq. İnternet vasitəsi ilə informasiya və müxtəlif mədəni təzahürlərlə hər zaman bombalanırıq. Bütün bunlar bizim mədəni biliyimizi daha da artırır. Beləliklə, gəlin hər hansı bir sənət təzahürünü dəstəkləyək və onunla əlaqədar ictimai siyasət tələb edək. Braziliyada mədəniyyətin getdikcə daha çox unudulduğun və əslində olduğunda daha az əhəmiyyət kəsb etdiyini anlamaq olduqca kədərlidir.

Əzab - əziyyət prinsipi bizim düzgün seçimimizdir.

Ola bilsin, siz bunu dərk etmişiniz, amma indiki əzablarınız keçmiş səhv seçimlərin izin nəticəsidir. Həyat - geri dönmənin dövri prosesidir. Biz gələcəyimizi indiki dövrdə qururuq və keçmiş faktlara güzgü vərərək indiki dövrü yaşayırıq. Bəli, faktların ardıcıllığı həyatda bizə yol göstərir. Bunun acı nəticələrini yaşamaq qaçılmazdı.

Buna görə də, əgər siz xoşbəxtlik və uğur qazanmaq istə irsinizsə, hazırkı fəaliyyətinizə can atın. Axırda əkdiyiniz şey ya xeyir, ya da şər üçün bici ləçəkdir. Buna görə də, yalnız öz taleyinə görə məsuliyyət daşıdığını anlamaq sadədir.

Əlinizdə olmayan şeylərə görə özünüzü günahkar hiss etməyin.

Elə şeylər var ki, biz qismən günahkarıq. Elə şeylər var ki, orada iştirak edib bizi ittiham edirik. Elə şeylər var ki, təsadüfən baş verir və yenə də bizi günahlandıra. Yəni, biz mala səbəb olan əsas amil deyilik. Bu vəziyyətlərdə onların səni günah andırdığını qəbul etmə. Öz nöqteyi-nəzərini müdafiə et və faktın əsas səbəbinin sən olmadığın göstər.

Bu günahkarlıq məsələləri ailədə, işdə və ictimai tədbirlərdə baş verir. Onlar həmişə günahkar axtarırlar ki, qaçılmaz bir şey üçün. Lakin birinci halda, problemlərdən qacınmaq üçün öz nöqteyi-nəzərimizdən hərəkətlərimiz bir az yaxşılaşdıra bilərik.

İşlə bağlı çox mühakimə olunmuşam. Digərləri isə hadisələrə görə məni günahlandır maq üçün absurd qaydalar icad etdilər. Buna görə də, vəzifəmin aşağı olmasında irəli gələn əmək təzyiqinə təslim oldum. Bu və digər iş çatışmazlıq larına görə əminəm ki, öz biznesinizin olması sizin ən yaxşı seçiminizdir. Öz müdiriniz olmaq sizə hər şeydən çox azadlıq verəcək. Amma əgər işin daha sabit olduğunu düşünürsənsə, işdə qal.

Heç kimə kin saxlama.

Ürəyində kin tutmağın mənası yoxdur. Lakin, həqiqətən də, xatirələrimizdə qeyd olunan və düşünmək qaçılmaz olan şeylər var. Bu hallarda həyatımızı yüngülləşdirə psixi sazlama etmək lazımdır.

Demək olar ki, qırx il ərzində məni incidən şeylər var idi. Məni incidən şeylərin əksəriyyəti rədlərlə və peşəkar karyeram boyu etdiyim işlərlə bağlı idi. Bunlar məni əbədiyyən əlamətdar edən və heç gizləmədiyim şeylər idi.

Amma bunun öhdəsindən gəlmək qaçılmaz olduğunda, bu gün mən hər şeyi sərin şəkildə qəbul edirəm. Qonşum məni bəyənməsə də, ona hörmət edirəm. Qonşum mənim düşmənim olsa belə, ona hörmət edirəm. Lakin narahat olmamağa çalışıram ki, daha çox narahat olmam üçün xətrimə dəyən şeylərdən uzaq olum.

Mən deməzdim ki, çəkdiyim hər bir şeyin xətrinə dəymişəm. Amma xatirələrim var ki, mənə göstərir ki, artıq əzab çəpkənlərimə etibar edə bilmirəm. Hətta yaxınlaşmaq istəsələr də, heç nə əvvəlki kimi olmayacaq. Ona görə də heç yaxlaşmırlar. Onların əksəriyyəti ilə də danışmıram. İşdən uzaq düşəndən sonra iş münasibətlərim daha da sıxlaşdı. Bir tərəfdən, bu, mənə rahatlıq verdi. Digər tərəfdən, işlədiyim insanların isti və sosial tikintiləri üçün darıxıram. Amma bu sözlər olduğu kimi, biz bir tərəfdən qalib gəlir, digər tərəfdən isə seçimlərimiz vasitəsilə uduzuruq.

Biz keçmiş həyat səhvlərinin əvəzini ödəmirik.

Hər bir həyat dövrü başlanğıc, orta və son dövrlərə malikdir. Bundan sonra sonuncu hökm və ruhani imtahanlar gəlir. Lazım gələrsə, biz bir-birinin ardınca yenidən doğulmaq yolu ilə yenidən quruya qayıdacağıq. Lakin biz başqa həyat tərzi ilə bağlı edilən səhvlərin əvəzini ödəmirik. Keçmiş həyat səhvlərinə görə indiki əzablarımız aid etmək düzgün deyil. Bu, bizim aktiv dövri hərəkətləri mizdir (karma).

Sevgidə uğur qazanmamam karma problemim deyildi. Mənim kimi milyonlarla insanlar sevgidə bədbəxt, yaxud sadəcə subaydırlar.

Deyərdim ki, özümü mümkün fırıldaqlardan qorumaq xatirənə sevgiyə müvəffəq olmadım. Özümüzü qoruduqda heç kimin həyatımıza daxil olmasına yol vermirik.

Gələcəyimin məni nə gizlədiyini dəqiq bilmirəm. Amma əminəm ki, bundan sonra da Allahın məhəbbətini, xudbin məhəbbətini və ailə məhəbbətini inkişaf eydirəcəyəm. Tək olsam da, həyatıma tamamilə sevinirəm. İşim var, ədəbiyyatım var, səyahət edirəm, alış-veriş edirəm, yaxşı yeyirəm. Gözəl paltarlarım və ayaqqabılarım var. Xüsusilə yaxşı ağlım var. Böyük yazı terapiyam məni heyranedici nəticələrə təşviq edir. Ədəbiyyat olmasaydı, həyatda bu qədər məyusluqla dəli olardım. Ona görə də psixoloji müalicəyə paralel olaraq inkişaf etdirmək üçün bir sənət kimi yazmağı məsləhət görürəm.

Qayda-qanunlara qapılma, öz mənəviyyatını qur.

Biz, vətəndaşlar kimi, yaxşı şənlik ümumi qaydalarına riayət etməliyik. Ancaq vicdanımız olduğu üçün biz öz normalarımız qurmalıyıq. Digərləri isə sevirlərsə, bu onların problemidir. Bu, bir-birinin fərdi azadlığının bir hissəsidir.

Mən həmişə öz iradə azadlığımız və buna görə də azadlığımız vurğulayıram. Əgər biz kiməsə zərər vermiriksə, davranışımızı davam eydirməliyik.

Mən həmişə çox yaxşı əxlaqlı olmuşam. Mən həmişə özümü bir-birimin yerinə qoyuram və səni incitməmək üçün fikir verirəm. Digərləri isə bunu mənə etmirlər. Digərləri isə mənim psixoloji sındırır və məni incidir. Ruhi təkamül məndə var, amma o birisində deyil. Bu isə böyük konseptual ziddiyyətə səbəb olur.

Bütün sevgi rədlərimdə və uğursuzluq larımda çox pis incimişəm. Bütün bu vaxtlarımda əzab çəkdim və sağalmaq üçün bir qədər vaxt lazım oldu. Kimisə reallığa görə sevmək və özünü zibil parçası kimi hiss etmək asan deyildi. Bu, çox gözəl və çox dəyərli bir sevgi idi. Lakin bu, o birisinin sadə düşüncəsiz hərəkəti ilə sona çatdı. Lakin sonrakı həyat. Bu fakt çoxdan keçib.

Gözəlliyə dəyər vermə.

Bu dünyada hər şey ötəridir. Yer üzündə tikdiyimiz hər şey bir zamanla parça-parça olur. Bəs həyatın əsl mənası nədir? Bir çox insanlar pul, şöhrət və uğur qazanmaq üçün tələskən həyat sürürlər. Buna dəyərmi? Əlbəttə, bu, heç də yaxşı deyil. Biz insanlarda nəfsin həqiqi fəzilətlərini dəyərləndirməliyik: məhəbbət, xeyirxahlıq, səxavət, sevinc, anlayış, tolerantlıq, hörmət, əməkdaşlıq, birlik, iman, ümid.

Elə şeylər var ki, pul sadəcə almır. Heç kim dostluq, nəvaziş, sevgi və səmimi hisslər almır. Bu sadəcə ürəyimizə bulaqlar axıdır və başqasına qarşı münasibətimizdə özünü göstərir: qucaqlaşmaq, nəvaziş, əl sıxmaq, gözlənilməz hədiyyə, ailə naharı, səyahət, qısaca desək, sevgini göstərməyin bir çox üsullarıdır.

Əminəm ki, əsl sərvətimiz Allahı yada salmaq, özünü sevmək və yoldaşımızı yan-yana saxlamaqdır. Bir çox insanlar eyni anda bütün bunlar ola bilməz. Deyə bilərik ki, bu həyatlar digərlərində bir az kədərlidir. Lakin sakit və xoşbəxt həyat yaşamaq mümkün deyil.

Ölümü hamımızın qaçılmaz taleyi kimi qəbul et.

Biz doğulandan bəri, nəhayət ki, ölüm olan bir dövrə başlamışıq. Əslində, həyatda yeganə əminliyimiz ölümdür. Həyatla əlaqəli olan bütün şeylər qeyri-müəyyəndir. Lakin hər kəsi ölüm gözləyir.

Ölüm haqqında düşünməmək sağlamdır, çünki onun üzərində heç bir hakimiyyətimiz yoxdur. Hər gün, hər an, zövqlü bir şəkildə yaşayın. Gələcəklə bağlı böyük planlar qurmaq olmaz. Hətta gənc olsan belə, məqsədlərini bir il ərzində planlaşdır.

Mən inanıram ki, ölüm daha yaxşı və ədalətli bir dünyanın qapısıdır. Bu, hökm vaxtıdır. Orada bütün insanlar əməllərinə görə mühakimə ovunacaqlar. Onların hər biri ömrü boyu əkdiyini biçəcək. Beləliklə, əməlləriniz təhlil edin, insan kimi yaxşılığa düzələn və xoşbəxt olun.

Uşaqvarınızın qeydinə qalın.

Ailə təhsili uşaqların yaxşı fəzilətlərlə öyrənməsi və inkişaf etməsi üçün xüsusilə vacibdir. Allah yolunda, dürüstlük yolunda və cəmiyyətdə necə hərəkət etməyi bilmək valideynlərin borcudur. Düşünməyi bacaran uşaqları böyütsək, onlar bəşəriyyətin gələcəyidir.

Mən təhsil almışdım. Valideynlərim həddindən artıq sərt olduqları və çox vaxt məni islah etmək üçün döydükləri nə görə mülayimliklə deyirəm. Bəzən məni vurmağa əsas vermirdim. Niyə cəzalandığı mi başa düşmürdüm. Amma onlar mənə həqiqətən də yaxşı insan olmağı öyrətdilər. Məktəb həmçinin müxtəlifliyə və başqalarının seçiminə hörmət edən insan olmağıma kömək etdi.

İş bazarına hazırlaşmaq üçün mənə bunu göstərən müəllimlərimə hər şeyi borcluyam. Böyüdüm, özümü qüvvətlənirdi və işləməyi öyrəndim. Bacarığıma görə bir neçə ictimai tenderdə iştirak etmişəm və hal-hazırda ictimai vəzifə tuturam. Bu, ədəbiyyatla paralel fəaliyyətdir. Bütün bunlar mənə göstərdi ki, bizim təhlillərimiz və biliyimiz inkişaf etmək, təkamül etmək və tam insan olmaq üçün yeganə alətimizdir.

Sənə məxsus olmayan şeyi heç vaxt istəmə.

Nə qədər ki, həyat tərzin korlanır, uğurluluqla və ya bədbəxtliklə dolu olsa da, başqalarının müvəffəqiyyətlərinə paxıllıq etmirsən. Özünü xoşbəxt hiss etmək üçün başqalarını məhv etmək istəmirsən. Onlar bunun üçün vuruşduqları və mükafatlarını çatacaqlar üçün belə edirlər. Onların nümunəsini izlə və işlə.

Kiçik yaşlarda uğur qazanan qohumlarımı bir az qısqanırdım. Amma sonra fikirləşdim və anladım ki, mənim də uğur qazanmaq hüququm var. Mən taleyimi axtarmağa getdim. Kollecdə təhsil aldım, ictimai tenderlərə getdim və işləməyə başladım. Mənim işim qohumumdan bu işdən yaxşı deyildi, amma özümü xoşbəxt hiss edirdim, çünki intellektual qabiliyyətimin içində olan bir şey tapdım. Bu, mənim öz nailiyyətim idi.

Buna görə də uğur uğrunda çalışan hər kəsin haqqıdır. Bəziləri böyük müvəffəqiyyətlərə və digər xırda uğurlara nail olur. Amma hər biri, öz daxilində, cəmiyyət üçün faydalı funksiya daşıyan ulduzdur. Heç vaxt sənətinizi dəyərdən salım, çünki bu, kiməsə hansısan xidmət almağa kömək edir.

Özümü yaxşı hiss etmək üçün xəyali bir dünya yaratdım.

Bir çox rədlərdən sonra mənim psixologiyamın məhv olması normaldır. Mən də başımı qaldırıb yoluna getdim. Ümid edirəm ki, bəzən ağla gəlir. Bu, dolanmaq üçün yanacaq yanacaqdır.

Böyük xəyallarım məni hər gün ayağa qalxmağa vadar edir. Əldə etdiyim hər bir nailiyyətlə özümü xoşbəxt hiss edirəm. Vaxt keçdikcə bəzi şeyləri atıb, digərlərini yerinə qoyacağam. Sadə həyatımı böyük məmnuniyyətlə yaşayacağam. Sizə deyə bilərəm ki, yuxularınız inanmağa dəyər. İnanıram ki, gerçəkləşdirə üçün xeyli vaxt lazım olsa belə, həqiqətən də arzularımız reallaşdıra bilirik.

Keçən hər gün xoşbəxtəm və kim çünki mən utanmıram. Bağçadan bir ilkin olaraq başlayan gözəl bir trayektoriyam var və bu gün mühüm ədəbi əsərlə yazıçı oldum. Həyatımı çox ümid və gənc canla izləyirəm. Yəni, əgər yuxunuz varsa, ondan heç vaxt əl çəkmə. Hər zaman arzuladığın şeyə nail olmaq iqtidarındasan.

Penyafort dan olan Müqəddəs Raymond
Uşaqlıq və yeniyetməlik dövrü
Penyafort qalası- Barselona- İspaniya

Penyafort qəsri Keçmiş İspaniya tacının məşhur saylarının enişlərinin yaşadığı Barselonanın gözəoxşarı qalalarında biri idi. Gisele və Tomas Penyafort tərəfindən yaradılan cütlüklər dən biri ilk övladları Raymond Penyafort un gəlişini almağa hazır idi.

Mamaça

Oğlan gəlir, xanım. O, dünya çempionatında debüt etmək üçün çox mübarizə aparır. O, getdikcə daha da yaxınlaşır. Bax, çox yaraşıqlı oğlandır.

Tomas

Necə də gözəl oğlan ata idi. Tezliklə məlum olur ki, o, Penyafort ailəsinin qanuni üzvüdür . Mən səninlə çox fəxr edirəm, oğlum. Xoş gəlmişiniz.

Gisele

Mən də xoşbəxtəm, sevgim. Axşam görüşləri mizin tacıdır. Sevincə gəlir və həyatımıza yeni məna verir. Mən ona çox sevinirəm.

Mamaça

Budur, sənin oğlun. Bu gündən etibarən bu sizin məsuliyyətinizdir. Onun qayğısına çalışqanlıqla qalın, ona yaxşı təhsil verin, maddi dəstək verin. Nəhayət, bu kiçik insanın həyatını kainat üçün qazanclı bir şeyə çevirin. Gördüyümdə böyük valideyn olmaq üçün hər şeyin var. Nuş olsun, sevgilim.

Gisele

Sizin dəstəyinizi və yardımınızı yüksək təşəkkür edirik. Sən o yuxunun ayrılmaz bir parçasısan. Bir az dincələcəyəm. Tezliklə yaxşı olacağam. Həyatımda bu yeni vəziyyətlə üzləşməyə hazır olmalıyam. Asan olmayacaq, amma qazanclı olacaq. Hamınıza çox sağ olun.

Üçlük anamın təşəbbüsünü alqışlayır. İki saatdan sonra onlar evə getməyə hazır idilər. Bu, həmin aristokrat cütlüyə məhəbbətin yeni başlanğıcı idi. Onlara xüsusilə uğurlar.

5 il sonra

Çox xəbər olmadan 5 il keçib. Artıq beş yaşı olan oğlan məktəbdə əsas təhsilinə, fəlsəfəyə və hüquqa başlamağa başlayırdı. Onun arzusu böyük vəkil olmaq idi.

Belə ki, o, yerli məktəbdə ilk dərs gününə yollanıb. Valideynlərinin yanında o, böyük Penyafort məktəb binasına çatana qədər arabada müəyyən çətinliklərə üzləmişdi.

Hamı tərəfindən ilk qarşılanma anı oldu. Sonra valideynlər gedib balaca oğlanı sinif yoldaşları ilə birlikdə sinif otağının içində qoydular. Müəllim döşəməni götürdü:

Müəllim

Mənim ofisimə xoş gəldin, balaca qəhrəmanlarım. Mən professor Heloise. Mən bu dərs ilində sizinlə çox böyük sevgi, həsrət və bağlılıqla şiləyəcəyəm. Mən də sizdən eyni şeyi gözləyirəm. Peşəkar münasibətlərdən əlavə, hamınızla dostcasına əlaqə saxlamaq istərdim. Xüsusilə də yaxşı olar ki, siz harmoniya və bilik mübadiləsi məkanında siləyəsiniz.

Raymond

Əlimdən gələni edəcəyəm, professor. Böyük Fəlsəfə və Hüquq Ustadı olmaq istərdim. Bunun üçün bu mövzuda bir neçə kitab yazıb oxuya bilərəm. Məni çox maraqlandıra, ilhamlandıra və maraqlandıra dindarlıq məsələsinə də xüsusi diqqət yetirirəm.

Müəllim

Yaxşı, əziz tələbə. Çox sevinirəm ki, bu qədər cəhd edirsiniz. Bu bilik yolunda sənə kömək etmək üçün hər şey edəcəyəm. Mənim içimdə böyük bir kolxozun olacaq. Mən bu məsələləri sevirəm. Digərlərinə gəldikdə isə, onlar rahat ola bilərlər. Dərs ili ərzində bir neçə məsələni əhəmiyyətli dərəcədə zəngin görmək şansımız olacaq. Söz verirəm ki, sənə ən yaxşısını verəcəyəm.

Şagird

Yaxşı, professor. Biz həmişə belə xəyal və arzu edirik.

Hamı alqışlayır və açılış sinfi başlayır. Hər kəsdə həyəcan və narahatlıq qarışığı var idi, lakin bu, tezliklə aradan qalxmağa başlandı. Qısa müddət ərzində onlar artıq yaxşı bir-birinə bağlı idilər. Hamı üçün faydalı olacaq böyük bir bilik səyahəti başladı. Bu işdə iştirak edənlərin hamısını təbrik edirəm.

Bir müddət sonra

Raymond olduqca gənc alim oldu. Məktəb fəaliyyəti boyunca bilik əldə etməyə qərarlı idi. Sonra çoxlu döyüşdən sonra o, layiq olduğu uğuru əldə etdi. İlahiyyat elmləri doktoru, filologiya elmləri doktoru alimlik dərəcəsi almışdır. O, Barselonada iş aldı və oraya köçdü.

O, Barselonada dini və təhsillə məşğul olmağa başladı. Onun çoxlu uğurları və davamçıları vardı. Kiçik bir problem səbəbinlə yenidən hərəkətə keçdi. O, Məsihin xidmətini İtaliyanın Bolonya şəhərində icra etməyə getdi. O, Allah xidmət etmək üçün on ildən artıq vaxt sərf etmişdir.

O, qul edilmiş azlıqları xristianlığa çevirmək üçün xüsusi iş görərdi. Onun pastoral işi Avropada effektiv və məşhurdur. O, bütün həyatını Məsihi üçün yaşadı və indiki dövrdə katolik kilsəsinin müqəddəslərində biri hesab olunur.

Öldükdən sonra əmlakın mirası haqqında

Yaşlı qohumunuza çoxlu həsrət, səbri, məmnunluq və əlçatanlıqla qayğı göstərin. Mirasınızı qorumaq üçün bunu etməyin. Bu, çox qeyri - etikdir. (Ey insan!) Sən (dua edərkən) yaxşılıq et və (qisası) gözləmə. Həqiqətən, bu, Allah (hər şeyi) edəndir!

Valideynlərim heç bir mirası pulda qoymadılar. Onlar bizim yaşadığımız kiçik fermanı tərk etdilər. Valideynlərimin zəhmətinə görə çox minnətdaram. Onların işi olmasaydı, mənim heç yaşamağa yerim də olmazdı. Valideynlərim mənə qoyub gedə biləcəklər ən yaxşı şeyi — öyrənməni və onların nümunəsini qoyub getdilər.

Ferma işindən azad edilən yeganə adam necə olduğumu bu günə qədər hələ də başa düşmürəm. On yaşıma qədər fermada işlədim. Bundan sonra atam mənə yalnız məktəb dərsləri almağa icazə verdi. Allaha şükürlər olsun ki, hər şey öz yoluna düşdü. Mən kolleci bitirdim, ictimai işə düzələn kimi məşhur yazıçıyam. Qazandığım bütün nailiyyətlər mənim şəxsi səylərimə və məni həmişə maarifləndirə xeyirxah Allahımın qarışındadır.

Gələcəyimin necə olacağını dəqiq bilmirəm. Amma mənim iradım odur ki, ümid kəndində, qohumlarımla birlikdə qalam. Burada mən çox nökərbaşı olmadan sadə həyat sürürəm. Ona görə də deyirəm ki, yaşamaq üçün çox şey lazım deyil. Mən təbiətcə sadə insanam və məni nə gizlədiyini bilirəm. Böyük gələcək və xoşbəxtliklə doludur.

Bütün uğurlarımı oxucularıma borcluyam.

Ədəbiyyatın həyatımda nəyi təmsil etdiyini çox sevirəm. Mənim üçün yazmaq mənim yazılarımı oxuyan minlərlə insan üçün böyük bir ünsiyyət körpüsüdür. İnsanların mənim yazıqlarımı oxuduğunu və kitablarımı almaqla mənə dəstək ovduqlarını bilmək çox sevindir içidir. Bu isə, yazının əslində əsər hesab edilə biləcəyi incəsənəti getdikcə daha da möhkəmləndimi.

Amma o biri tərəfdən heç bir cavabım olmasa belə, yazıya davam edərdim. Yazı ilə münasibətim tibbi-psixoloji problemdən başladı. O zaman yazmaq problemlərimi üzə çıxarmaq üçün gözəl çıxış yolu idi. Bu, mənim ağlıma böyük fayda gətirdi. Sağlamlığımı yaxşılaş dırmaşam və bu gün daha yaxşıyam. Buna görə də, mən çox minnətdaram ki, ədəbiyyat mənə elə bir təhlükəsizlik bəxş edəcək ki, onun içində mənim didiklərimi həmişə dinləməyə hazır olan dəyərli dost tapa biləcəyəm.

Qara irqə hörmətim

Mən yer üzündə mövcud olan hər növ nəsli sevirəm, o cümlədən heyvanları. Mən hər cür mədəniyyətə, irqə, etnik mənsubiyyətə və ya seçimə hörmətlə yanaşıram. Belə görürəm ki, əsrlər boyu davam edən təqiblərə baxmayaraq, bütün dünyada qaradərili insanların çoxu göz önündədir. Bu gün görürük ki, qaraçılar siyasətdə, idmanda, televiziyada, filmdə, peşələrdə, məktəbdə parlayırlar. Qısası, qeyri-bərabərlik bir az azalıb, amma qərəz qalır.

Bu cür açıq düşüncəli insan olduğum üçün, yüksək ruhların xoş qarsalandığını və razı qaldığını hiss edirəm. Getdiyim hər yerdə Allahın məni sevdiyini və məni özünəməxsus şəkildə qoruduğuna inanıram. Ona görə də sizdən xahiş edirəm ki, azlıqları təqib eyməyəsiniz. Qoy hamı sülh içində yaşasın.

Qorxu bizim uğursuzluğu uzun böyük pisidir.

Qorxu dəhşətli bir canavardır. Bizi bir-birindən ayrı bir dünyada zindana olur edir. Biz heç bir şeyə qadir deyilik. Amma səndə qabiliyyət var. Siz hər hansı bir şeylə üz-üzə gəlib çıxış yolu tapa bilirsiniz. Qorxunu yıxmaq üçün sadəcə əhval - ruhiyyə və cəsarətə malik ol. İnanın ki, dəyişməyə hazır olsanız, heç nə uğurunuzu dayandıra bilməz.

Mən həmişə qorxaq bir gənc olmuşam. Dünya ilə üz-üzə gəlməkdən qorxurdum. Cinlərdən qorxurdum. Atamdan, anamdan qorxurdum. İndi də qardaşımdan qorxuram. Bütün bunlar ona görədir ki, onlar məndən üstündürlər. Mən onlara qarşı çıxmaq istəmirdim. Əslində ailədə həddən artıq mürəkkəb hallar baş verir.

Elə vəziyyətlər olur ki, bizi elə tələyə əzdirərik ki, ondan yaxa qurtara bilməyək. Amma əgər artıq azadsansa, qorxmaq lazım deyil. Xəyallarınız davam etdirmək üçün əhval-ruhiyyədə olun. Bəli, vuruşan, dava edən və davam edən şəxs üçün hər şey mümkündür. Sizə uğurlar arzulayıram. Hər zaman xəyallarınız inanın.

Özünə haqq ver ki, özünü cəzan etsin.

Heç kimi razı salmaq üçün kamil insan olmaq istəməzsən. Bu, tamamilə faydasızdır. Nə qədər çalışsan da, səni heç bir səbəbə görə sevməyən insan həmişə olacaq. O zaman həyatını başqaları yox, səni razı salmaq üçün yaşa.

Mən həmişə hər kəsin qarşısında bir xarakter düzəltməli olmuşam. Başqaları mənim cinsi əlaqəmi qəbul etmədiyi üçün mən onların iradəsinə tabe oldum. Bu ona görə baş verdi ki, mən çox ənənəvi ailədə doğulmuşam. Demək olar ki, qırx yaşım var və hələ də tam azadlığım yoxdur.

Məndən fərqli düşünən üç qardaşla yaşayıram. Buna görə də evimə qonaq gələnləri qəbul etmək mənim üçün heç də yaxşı deyil. Digər tərəfdən, çətin anlarda özümü tənha hiss et məmələri üçün onların əhatəsində olmam vacibdir. Mən inanıram ki, bu mənim yer üzündəki taleyimin bir hissəsidir. Qardaşlarımın qayğısına qal məliyəm, çünki anam artıq var.

Həyat axını ilə özünü aparsın.

Həyatda elə vəziyyətlər var ki, mübarizə apara bilmir. Axın əleyhinə üzmək, axın həddindən artıq güclü olduqda pis məsləhətdir. Beləliklə, ən yaxşı qərar taleyin aktual olması ilə özünüzü daşımağa imkan verməkdir. Tale sizi doğru zamanda doğru yerə aparacaq güclü qüvvədir.

Həyatım böyük döngələrlə və dönüşlərlə müşayiət olunurdu. Bir çox ictimai işlərdə çalışmışam. Yazıçı, rejissor və bəstəkar olmuşam. İndi isə peşəkar yazıçı olmuşam. Ədəbiyyatdan tez-tez imtina etsəm də, bir yazıçı kimi taleyim daha ucadan və burada danışsa da, sizin üçün çox gözəl mətləblər yazıram.

Həyatda tale sizi ruhlandıra bilsə də, verə biləcəyini ən yaxşı qərar düzgün seçim etməkdir. Müxtəlif vəziyyətləri yaşamağa və həyatınızda nəyin daha yaxşı olduğunu anlamağa çalış. Öz potensialımızı dərk edəndə hər şey asanlaşır.

Tənhalıq da çox vacib şeyləri öyrədir.

Biz birgə və tənhalıq şəraitində öyrənirik. Xüsusilə də sonuncularda həyatımızı əhatə edən hər şey üzərində düşünmək imkanımız var. Tənhalıq bəzən incisə də, daima düşünməklə özümüzü tanımaq üçün gözəl imkandır.

Mən həmişə tək olmuşam, sevgi ilə danışıram. Bu vəziyyət mənə özümü qiymətləndir əyin vacibliyini göstərdi, başqaları isə məni təpik altına atdı. Başqaları məni atdıqca insan münasibətlərimi getdikcə daha çox sevirdim. Bu bilik səyahətində ilahi məhəbbətin dərinliyini və həyatımızda qəbul olduğunu gördüm. Allaha bel bağlamağa dəyər, çünki O, ehtiyac duyduğumuz vaxtda heç vaxt bizdən məhrum deyil.

On, iyirmi, otuz, qırx və ya əlli il ərzində həyatımın necə olacağını dəqiq bilmirəm. Amma bu, mənim üçün heç də maraqlı deyil. Mən indiki anda yaşayıram. Çoxlu məhəbbət, həsr olunma, sədaqət, iş, cəsarət və iman var. Mən bilirəm ki, bu və ya digər yolla darıxmaya cağam.

İstənilən vəziyyətdə xoşbəxt olun.

Hər yeni canlı sübh tezdən sevinc və xoşbəxtlik gətirir. Allahın günəşini gördükcə, bizə əziyyət verən böyük problemləri unudur və işimizi davam etdirmək üçün yeniləşirik. Xoşbəxt olmaq seçim məsələsidir, hətta böyük çətinliklər qarşısında belə.

Bəli, həyat mənə dəfələrlə meydan oxuyub. Bədbəxt olmaq üçün hər bir səbəbim var idi, çünki on mindən çox insan məni məhəbbətlə rədd etmişdi. Ancaq yenə gülümsəyərək özümə inandım. Özümüzdə xoşbəxtlik olanda heç nə bizi silkələyə bilməz.

(Gözəl) bir təbəssümlə (gülərək) açın! Zəiflərə "yox" de, bir də cəhd elə. Yeni çətinliklər, macəralar, sevgilər, nailiyyətlər, nailiyyətlər qazanmaq şansı həmişə olacaq. Həyat şiddətlə yaşamaqdır.

Məhəbbət böyük ruhani öyrənmədir.

Sevgi var olan ən gözəl hissdir. Bu, rasionalı aşan bir şeydir, bizə dərindən toxunan bir şeydir. Sən kimisə sevəndə sanki qorxmadan, utanmadan və ya başqa maneələr olmadan xilas edirik.

Bu qırx il ərzində bir neçə dəfə sevdim. Heç vaxt yaşadığım sevgi vəziyyətlərində heç birində qarşılıq görməmişdi. Ona görə də deyilir ki, sevginin dərdi dərindir. Eyni cür uyğun olmayanda, sağalmaq üçün vaxt tələb edən böyük emosional yaralar açılır.

Məhəbbətə qarşı diqqətli olmalıyıq, çünki bizi idarə olunmaz hisslər təşviq edir. Biz, həqiqətən də, sevəndə, dəlilik qorxusunun öhdəsindən gələ bilərik. Bəlkə də sevgi bəzi insanlar üçün yarayır, amma həmişə təsəvvür etdiyimiz kimi olmur. Sevgini sevdiyimiz kimi tapmaq lotereyada qalib gəlməkdən çətindir.

Məhəbbət həmişə dəqiq elm deyil. Ola bilsin ki, sevgi psixoloji, əqli və təbii cəhətlərlə bağlı olan insan elmlərinə yaxındır. Sevgiyə hər cəhd qaranlıqda böyük bir atışdır. Məhəbbətlə gizlədiyimiz kimi, çox vaxt faciə ilə nəticələnən qeyri-müəyyən bir hadisə baş verir. Buna görə də, danışanda diqqətli ol.

Təmiz vicdan qiymətlidir.

Dürüst davranın. Büdrəsəniz, səhvinizi düzəldin, başınızı qaldırın və yenidən cəhd edin. Təmiz vicdan qiymətlidir. Yaxşı yatıb oyanmaq böyük hədiyyədir.

Şükür Allaha, demək olar ki, qırx illik trayektoriyamda olduqca sakit vicdanım var. Düzdür, günahım var, amma səhvlərimə görə ürəkdən peşman oldum, onları düzəltdim və praktiki olaraq sıfırdan başladım. Tövbə etdiyim və qonşumu bağışladığım üçün günahlarım bağışlandı. Hər gün etdiyimiz dualarda da məhz bu yazılıb.

Başqalarına etibar etmək böyük təhlükədir.

İnsanlara, xüsusilə də heyran olduğumuz və sevdiyimiz insanlara etibar edə bilsəydik, yaxşı olardı. Amma bu, həmişə mümkün olmur. Başqalarının əhval - ruhiyyəsi bizi məhv edəndə kimsə etibar etmək bacarığımızı itiririk. Biz bunu özümüzü qorumaq üçün edirik.

Buna görə də, daha az güvən və daha çox hərəkət et. Allaha və özünüzə güvənin. Layihələriniz həsr olunaraq işləməyə davam edin və uğurlar əldə olunacaq. Göydə bizi qeyd-şərtsiz sevən böyük atamız var. Buna görə də Allahın nemətlərinə görə sevinin və ona minnətdar olun.

Heç vaxt imanınızın bitməsin

İman kiçik bir sözdür, amma olduqca qüvvətlidir. İman həyatın çətin və qaranlıq anlarında bizə dayaq olandır. Bəzən isə həyatımızda elə mürəkkəblik yaranır ki, bizim nəzarətimizdən kənarda qalır.

Gözəl və cazibədar olmasına baxmayaraq, həyatın gündəlik çətinlikləri çoxdur. Əgər ehtiyatlı olmasaq, beynimizi həddindən artıq narahat edirik ki, bu da bizi böyük kədərə, hətta depressiyaya gətirib çıxara bilər.

Problemlər barədə düşünməməyə çalışın. Bir müddət çıxın, kiminləsən danışın, ya da səyahət edin. Bizə təsəlli gətirən vəziyyətlər lazımdır. Böyük fəlakətlər qarşısında nəfəs almalıyıq. Amma bu, heç də narahatçılığa əsas vermir. Hər şey həyatının müəyyən bir vaxtı öz yerində olacaq.

Sahib olduğun hər şey baş verir.

Həyat yollarında itkilərimiz və qazanclarımız var. İtkilərimiz isə çox vaxt bizi kədərləndimi. Bizi kəskin itkilərə sürükləyən məhz bizim pis seçimləri mizdir. Bəs nə? Sizin nə almalıdırsa, müəyyən bir vaxtda sizə gələcək. Buna görə də uzun müddət yaslı qalmayın.

Pis seçimlərim və yaxşı seçimlərim var idi. Onların hamısı mənə səhv etmək və ya onu düzəltmək üçün öz haqqım olmağı öyrənməyə vadar etdi. Məhz bu sistem həyat tarazlığı bizim sağ tərəfdə olub - olmadığı mizi göstərir. Amma bu, heç də narahatçılığa əsas vermir. Səhvlərin ardıcıl lığından sonra həmişə başqa imkanlar yaranır.

Dünya üçün istədiyini özün üçün et.

Dünyada böyük iqtisadi, struktur və sosial problemlər və bərabərçiliklər var. Sadəcə olaraq dünyanın problemlərini tək heç kim həll edə bilməz. Yəni, dünyanı dəyişməmək üçün nə özünüzü örtürsünüz, nə də özünüzü qınayasınız.

Ən azından özünüz və ətrafınız qonşular üçün edin. Kiçik hərəkətiniz yaxın ətraf mühitinizi dəyişəcək. Əgər hamı sizin kimi düşünsə, dünyada yeni əməllər baş verəcək və bu da müsbət nəticə verəcək. Köhnə deyilən sözlərdə deyildiyi kimi: kiçik hərəkətlərin birliyi təsirli nəticələr verə bilər.

Heç vaxt digərinə zərər verməyə çalışmayın.

Özün üçün nə istəyirsən, o biri üçün etmə. Şübhəsiz, bu, İsanın bizə qoyduğu böyük əmrdir. Bu mülahizə xəttində yaxşı bir şey istəyirəmsə, öz xəyallarını gerçək əsdirmək üçün qonşuma müsbət enerji də göndərirəm. Nə qədər çox yaxşılıq və yaxşılıq arzulasam, bir o qədər də özümə yaxşı şeylər cəlb edirəm.

Həyatımızın böyük fırtınalarına ağılla qalib gələ bilərik.

Solmayın. Aramızda ümidsizlik baş qaldıranda, adətən, sarsılırıq. Amma Allahın bizim üçün istədiyi bu deyil. Siz heç vaxt bədbəxtliklər qarşısında yıxılma mıza yol vermədiniz. Buna görə də O, atdığımız hər addımda bizə yol göstərən qoruyucu mələkləri yer qoyur.

Mənə elə gəlir ki, həyatım irəliləyir. Hər gün sevinc, güc, cəsarət və əzmkarlıqla mübarizə aparıram. Hara getdiyimi dəqiq bilmirəm, amma ilahi iradəyə tamamilə bağlıyam. Bu mənim üçün tamamilə yaxşı və heyrətamizdir. Həyatımda yeni təcrübələrlə qarşılaşmağa özümü tamamilə azad hiss edirəm.

Mən böyük zülmət fırtınaları ilə keçdim. Bir neçə dəfə azdım və özümü tapdım. Budda öyrədir ki, ruhani qurtuluşa məhz əzab - əziyyətlər sayəsində nail oluruq. Və bu möhtəşəm buraxılış yalnız tamamilə gözlənilməz vəziyyətlərdə belə riskə hazır olsanız mümkün olacaq.

Məhəbbət bizi hər şeyə dəydiyinə inandırır.

Bilirsiniz, sevgi sizinlə böyük bir sehr daşıyır: Qeyri-adi və təhlükəli vəziyyətlərə qədər buna dəyər. Məhəbbətdən irəli gələrək riskə düşəndə yaxşı iş üçün təslim olmağa hazırıq. Məsihin xaç üzərindəki məhəbbəti məhəbbətin gücünü simvolizm edir.

Sevmək üçün heç bir səbəbə ehtiyacımız yoxdur. Hissləri mizin heç bir səbəbə ehtiyacı yoxdur. Sadəcə bizim üçün və bir-birimiz üçün ən yaxşılarını arzula. Məhəbbətin sehri də belə olur.

Elə şeylər var ki, biz geri qayıda bilmərik

Allah bizə azad seçim verdi, buna görə də biz vura və ya buraxa bilərdik. Buna görə də biz seçim edirik. Səhvləri mizə görə nə qədər peşman olsaq da, geri dönüb düzəltmək olmaz. Həyatda elə vəziyyətlər var ki, ümidsizdir. Məsələn, iki nəfər arasında mehriban seçim etmək olar. Ona xor baxan insan bir daha onu bağışlamayacaq.

Bu, mənim sevgi cəhdlərim dən birinin başına belə gəldi. O, arvadını seçdi və mənə xor baxdı. Nə qədər peşman olsa da, mən heç vaxt ona daha çox etibar edə bilmərəm. Çünki onun həyat yoldaşına olan sevgisi mənə olan sevgisindən daha böyük idi. Bəli, əgər biz kiminsə həyatında prioritet deyiliksə, onda yaxşı olar ki, ondan xeyir üçün qaçasınız. Bu, yalan illüziyadan başqa bir iş deyil.

Biz həmişə xoşaldığımız şeylər üzərində işləyə bilmərik.

Biz həmişə xoşaldığımız şeylər üzərində işləyə bilmərik. Bəzən canımızı qidalandıra şeylər bədənimizi qidalandımı. Ümumiyyətlə incəsənət də belədir. İncəsənət bizə fayda gətirən bir şeydir, lakin o, bizə kömək etmir. Lakin bu vəziyyət bizi kədərlədirmi. Boş vaxt larımızda incəsənəti inkişaf etdirə bilərik, buna görə də zehnimiz sevinc, əylənсə və sehrlə dolacaq.

İncəsənət mənə heç vaxt dəstək olmayıb. Həmişə gəlirimin əsasını təşkil edən işlərim olub. İncəsənət əlavə gəlirdir, lakin yalnız incəsənət üzərində yaşamaq mümkün deyil, çünki sənət gəliri çox müxtəlifdir və müəyyən bir ayda çox kiçik ola bilər.

Pisliyin həyatında olmasın.

Kimsə bizə zərər verəndə, ondan qaçmaq və ya təxmin etmək mümkün deyil. Lakin əzab çəkməyə davam etmək bir seçimdir. Bizi məhv edən zaman onu sadəcə olaraq itələyə və ya şəhid kimi daşıya bilərik.

Mən yalnız özümə yaxşılıq arzulayıram. Keçmişdə məni məhv edən hər şey keçmişdə idi. Bu günlərdə özümü tam insan kimi hiss edirəm. Qalib gəlmək istəyimlə gündəlik mübarizələrimi davam etdirmək üçün gücümlə hiss edirəm.

Yer planetində olan bu yolumu sevirəm. Bu yol yuxarı və aşağı, uğursuzluq və qələbələrlə, əmin-əminliklə və qeyri-müəyyən hadisələrlə dolu bir yoldur. Amma hər şeyə dəyər. Bəli, həyatımda əldə etdiyim hər bir nailiyyətə görə kifayət qədər təşəkkür edə bilmirəm. Növbəti inkişaflar üçün hazıram.

Hər kəsə uyğun yaşamağa çalışın.

Ətrafınızda həmahənglik olsun deyə, aranızda sülh və həmrəylik olmalıdır. Dürüst davranmaqla düşmənlərdən daha çox dost qazanır və vacib ictimai münasibətlər yaradırsan. Daxili əmin-amanlıq nə qədər çox olsa, bir o qədər də yaxşı əhval-ruhiyyə və ünsiyyətə sahib olacaqsan.

Hər kəslə daxili sülh içində yaşamağa çalışırdım. Amma bəzən bu mümkün deyil. Bu, yalnız sizdən ibarət deyil. Bəzən başqaları sənin dostun olmaq istəmir. Deməli, bu vəziyyətdə bir-birimizə hörmət etməli və yalnız peşəkar münasibətləri qorumalıyıq.

Nadan və məğrur olun.

Elə insanlar var ki, onlar ən çox nüfuzlu, zəngin və güclü olurlar. Elə insanlar var ki, yüksək vəzifələrə sahib olduq larına görə başqalarını alçaltmaq istəyirlər. Bu insanlar yarım kredit, çünki dünyada yeganə böyük Allah var.

(Müvafiqlərin) əksəriyyəti Allah kimi olmaq istədiyi zaman (dünyada) heç bir şeydə onlara bənzərlik yoxdur. Bütün zaman, dünya dönəcək və yuxarıda olan bu insanlar aşağı düşəcək. Bu, heç kimin Allah qədər güclü və vacib olmadığın göstərmək üçün edilir. Biz yer üzündə olan hər şeyə (bütün bəşəriyyətə) günah edirik.

Bir çox insanlardan fərqli olaraq mən həmişə təvazökar olmuşam. Mən hər zaman əməyi, azlıqları, Allah sevgisi, öz-özümə sevgimi, dinimi, dürüstlüyümü dəyərləndimi. Mən ilahi nemətlərlə sadəliyimin bəhrələrinə çatıram. Yanlış yoldaşınızsa, düşünmək və dəyişmək üçün hələ vaxt var. Özünüzü əsl yaxşı promosyonlar vasitəsi kimi qoyun. Bunu özünüz və sizi yaxşı qarşılayan kainat üçün edin.

Danışmazdan əvvəl uzun-uzun düşün.

Düşünmədən hər hansı bir hərəkət böyük faciədir. Düşünülməmiş hərəkətlər qonşu larımıza kədər və ağrı verir. Buna görə də, hərəkət etməzdən əvvəl təkamül edib düşünmək lazımdır.

Mən bir çox şəxsi faciələrin qurbanı olmuşam. Bununla mən düşünən insanlara dəyər verməyə öyrənmişəm. Sahib ola biləcəyimi ən yaxşı şirkətlər olduğunu düşünən insanlar.

Bax gör dostluğuna həqiqətən kim layiqdir. Əsl dostları seçmək sizə vaxt və bəladan xilas edəcək. Bir-birimizin bizi tamamilə başa düşmələri çox yaxşıdır. Sevgi, nəvazişlik və arada bir dəfə küknar hiss etmək çox xoşdur. Bəli, əgər kimisə servisinizsə, vaxt itirməyin, əməlləriniz və sözləriniz nümayiş etdirməyi.

Bütün cinsi əlaqə vacibdir və ona hörmət etmək lazımdır.

Bir çox cinsi azlıqlar heteroseksuallardan hakimiyyəti altında olan cəmiyyət tərəfindən təqib olunur. Bu çox kədərlidir, çünki dünya bir çox sahələrdə təkamül edib, amma bu əşya hələ də geridə qalır.

Əgər biz düşünməyə son qoyub cinsi əlaqənin bizim əsas daxili təzahürləri mizdən biri olduğunu dərk ediriksə, onda insanların xoşbəxt olmasına imkan verməliyik. homoseksuallığa qarşı nifrət, özünü Allahın seçdiyi hesab edən bir çox insanların pisliyini özündə daşıyır. Yanlış cinsi oriyentasiyalar yoxdur, özlərini başqa larından üstün hesab edən son insanların qərəzi var. Bu çox bədbəxtlikdir.

Mən hamının hüququnu və cəmiyyətə daxil edilməsin müdafiə edirəm. Yanlış və ya düzgün seçim etmək hüququmuz var. Gəlin Allahın onun düzgün və ya yanlış olduğunu müəyyən etməsinə yol verək. Başqalarının qeydinə qalmasaq da, şəxsi təkamül heyrətamizdir. Mən qərəzli olmayan bir dünyanı müdafiə edirəm.

Hər bir nailiyyət və hər gün üçün sevinin.

Hər gün nə yaxşı sübh, nə də axşam. Həyat ənamını sona qədər əldə etmək lazımdır. Həyat böyük çətinliklər dən ibarət olsa belə, sərin olan odur ki, problemləri həll edin, qorxuların öhdəsindən gəlin, cəsarətlə ayağa durun və irəlicəyəsiniz.

Həyatımı mümkün olanda intensiv yaşayıram. Hər zaman xəyal etdiyim qohumlarımı və yerlərini ziyarət edə bilirəm. Bu anlar olduqca nadir hallarda baş verir. Çünki əksər vaxtlarda layihələrim üzərində işləyirəm. Özümü dol andırmaq və ailəmə kömək etmək üçün şiləməliyəm.

Böyük çətinliklərə üzləşəndə, biz bunu bacardığımız göstəririk

Həyatın nəhəng çətinlikləri nə biganə qalma. Necə oldusa, onlar sənin həyatına qoyuldu ki, onu böyütsünlər. Bizi bütün təhlükələrdən xilas etmək üçün hərəkətə keçmək çox çətindir.

Həyat həmişə mənə meydan oxuyub. Mən hər bir maneəni böyük qüvvə, cəsarət və əminliklə qarşı-qarşıyayam. Heç vaxt heç bir vəziyyətə görə məyus olmamışam. Problemləri aşırdım, bu, mənim qabiliyyətimin nə qədər böyük olduğunu başa düşürdü. Mən böyük hisslər yaşayırdım.

Buna görə də imanınızı öz xeyrinizə istifadə edin. Heç vaxt problem qarşısında təslim olma. Əmin olun ki, qələbəniz sizin səylərin izin sayəsində olacaq. Həyatda sənə uğurlar.

Evinizə gələn bütün ziyarətləri sevinclə qəbul edin

Qonaqları qarşılamaq çox xoşdur. Biz qohumumuza məhəbbət göstərəndə, biz məhəbbət dalğası hiss edirik. Bu qan döngəsi trayektoriya larımızda daha güclü və effektivdir.

Özünüz üçün istədiyiniz başqaları üçün edin. Biz bu əmrə əməl edəndə bütün dünyaya insanlığımız göstəririk. (O gün) insanlar (haqq-yoldan) azacaq, (yalnız Allaha) şərik qoşacaqlar. (Ya Rəsulum!) Bərabərsizliyi azaltmaq üçün dünyaya daha çox faydalı hərəkətlər lazımdır.

Məhəbbəti hər gün inkişaf etdirmək lazımdır.

Məhəbbət toxum kimidir ki, onu hər gün su ilə sulayırıq. Əgər sevən hissələrdən biri uyğun gəlmirsə, sadəcə olaraq bu hiss özünü tamamilə məhv edənə qədər soyuyacaq. Buna görə də, məhəbbət tələb etməzdən əvvəl, əhval-ruhiyyənizə fikir verin və ürəyinizin qət etdiyi məhəbbəti özünüz verib-vermə əyrəyinizi yoxlayın.

Həyatda böyük sevgim olub, amma heç biri buna dəyər verən olmayıb. Məni sadəcə atdılar və yola düşdülər. Buna görə də mən həyatımı təhlil etdim və gördüm ki, Allahın məhəbbəti və mən özümə olan məhəbbətim hər şeydən üstündür. Mən sadəcə olaraq həmişə xəyal etdiyim xoşbəxtliklə qarşılaşırdı və bu xoşbəxtliyi təmin edirdim.

Xoşbəxt olmağa hazır olan formul yoxdur, amma mən deyərdim ki, xoşbəxtlik öz qismətimizdir. Bu xoşbəxtliyi sizdən heç kim, hətta uzun müddət sonra da əlindən almır, çünki o, sizin içinizdədir.

Ağıl, xeyirxahlıq və səxavət məni cəlb edir. Yaxşı varlıqlar dan gələn müsbət fikirlər məni cəlb edir. Xırda adamlarla, paxıl və ya böhtançı adamlarla heç vaxt razılaş maram. Mən həmişə Allahın tərəfində və bütün əhval-ruhiyyəmdə yaxşılıq edəcəyəm. Buna görə də bəzi ruhlar məni Allahın oğlu hesab edirlər.

MÖVCUDLUQ VƏ DIGƏR RƏVAYƏTLƏRIN FIRTINALARI

Keçmişə ibadət etməyin, sanki sabah yoxdur.

Sizin keçmişi danışmaq və ya yadda saxlamaq yaxşı deyil, çünki heç bir faydası yoxdur. Keçmiş artıq dəyişə bilməz. Lakin biz yeni mövqe tuta, indiki və gələcəkdə düzgün seçim edə bilərik. Xoşbəxt olmaq yalnız və yalnız yeni seçimlər indən asılıdır.

Uzun müddət keçmişin dərdlərinə qatlandım. Amma bir müddət sonra başa düşdüm ki, vaxtımı boş yerə sərf edirəm. Beləliklə, keçmişi az xatırlayıram və diqqətimi indiki layihələrimə yönəltməyə üstünlük verirəm. Aram və sakit bir ağlım var.

Keçmiş səni qınaya bilsə də, gərək özünü bağışlayasan və tövbə edəsən. Düzgün əhval-ruhiyyə ilə siz öz dəyərinizi göstərmək üçün hər zaman yeni imkanlar olduğunu görürsünüz. Çoxlu sədəqə verin. Günah larınızın bağışlanması mümkündür. Yeni adam ol və yeni hekayə yaz.

Dünyada sevginin bir çox növləri vardır.

Dünyada sevginin bir neçə növü var: Allah sevgisi, ata-ana sevgisi, qohum-əqrəba, heyvan sevgisi, sevgili və dost sevgisi. Həddən artıq məhəbbət tələb etməklə həddi aşmayın. Unutmayın ki, həyatda sahib olacağınız ən böyük sevgi sizin özünüzü və ilahi sevginiz olacaq.

Əgər biz başqa larından həddindən artıq çox şey tələb ediriksə, münasibətlər bizi məyus edir və məyus edir. Buna görə də belə davranmayın və realist olun. Xoşbəxtlik və sevgi bir gün bitəcək. Bir gün bu həyatda hər şey bitir. Bəs nəyə görə sevgini həddən artıq romantik əsdirmək olar? Bu, icad edilmiş məhəbbətdən daha real məhəbbətdir. Biz bundan az əziyyət çəkirik.

Maddi maraqlardan məhəbbət münasibətləri axtarmayın. İnsanla sevgi üçün qalın.

Mən həmişə deyirəm ki, pul həyatda malik olduğumuz ən yaxşı şeyləri almır: yaxşı tərəfdaş, sevgi, nəvaziş və dostluq. Bəs nəyə görə bu cür materialist insan olmaq lazımdır? Maddi malı elə buraxmalıyıq ki, onun heç bir əhəmiyyəti olmasın.

Müəyyən mənada pula sahib olmaq yaxşıdır, lakin bu, dünyada ən yaxşı şey deyil. Sonra insanın xarakterini və mənəviyyatı dəyərləndimi. Hər kəsin həyatını idarə etmək üçün yaxşı dəyərləri olan insanlara ehtiyacımız var. Buna görə də öz hökmdar larinizi yaxşı seçin.

Tamamilə düzgün əxlaq yoxdur.

Hər bir insanın öz həqiqətini göstərməsi lazımdır. Bizim yaxşı hesab etdiyimiz şeylər başqalarının fikrində yanlış ola bilər. Bəs nəyə görə öz fikrinizi başqalarına yeritmək istəyisiniz? Xeyr, belə etməyin. Qoy hər kəs öz seçimləri ilə xoşbəxt olsun.

Münaqişələrin səbəbləri əsasən müxtəlif fikirlərdir. Hətta bir qanunun təhlilində də bir çox fikirlər var. Hər biri bir hekayəni öz optika ilə görür və biz ona hörmətlə yanaşmalıyıq. Biz növbəti yalana çatmaq üçün yalan danışa bilmərik. Hər zaman doğru ol.

Bizə səxavətli və yaxşı kişilər lazımdır.

Bizə daha insanlı və yaxşı dünya lazımdır. Kişilərə həyat yoldaşlarına hörmət etmək və onlara sahib olmaq istəməmək lazımdır. Bizə daha az zorakılıq və anlayış lazımdır.

Mən həmişə qadınların öldürül məsi səbəbindən münasibət qurmaqdan qorxmuşam. Ailədə zorakılıqla bağlı bu qədər nümunəmiz varsa, kişiyə etibar etmək çox çətindir. Yəni, əgər özünü qorumaq istəyisənsə, yaxşı olar ki, tək başına gedəsən.

Bahia ştatında Abaíra şəhərinin tarixi
Böyük evdə danışın.

Güclü mülkədar olan Azevedo dan olan Marques və onun həyat yoldaşı Eleonora ilin sonunda bir gecədə söhbət edirlər.

Azevedo Marques
Bu vətən həyatından yorulub, bezmişəm. Bu, heç bir dayanmır. Mən artıq 70 yaşlarında yaşlı bir adamam. İstirahət etmək əvəzinə, işçilərlə stress keçirirəm. Nə edim, qadın?

Eleonora
Təqaüdə çıxın, təqaüdə çıxın. Mirası kiçik oğlunuzla bölüşün. O, işdən çıxıb və yeni bir çətinliyin olacağını istəyərdi. Həyat elədir ki, sona qədər olan dövrlərlə doludur.

Azevedo Marques
Bu çox gözəl fikirdir. Mən qeydiyyat idarəsinə gedirəm ki, transferi edim və ömrümün qalan hissəsini səyahətlərdə həzz umum. Bu gün iş tiklimi bağlayıram.

Eleonora
Təbrik edirəm. Bu səfərlərdə sizi müşayiət edəcəyəm. Mən də həyatdan zövq almaq istəyirəm. Yeni hekayə başlayın.

Cütlük qucaqlaşıb bayram edir. Bu, onilliklər ərzində görülən işlər idi. İndi onlar narahat olmayacaq ar. Bu çiçəklənən mülk haqqında xatirələr olacaqdı.

Yeni sahibkar və ticarətin açılması.

Azevedo dan olan Yusif fermanın yeni sahibi mirasla oldu. Yeri gəlmişkən, o, biznesi təşkil etməyə başladı. O, şəkər çuğundur plantasiyaları üçün işçi tutdu, qida ticarəti açdı və bir neçə heyvan yetişdirməyə başladı. Bu iş sayəsində, sözsüz ki, onun müvəffəqiyyəti təhlükəsiz idi.

Ticarət açılandan az sonra o, mağazada olub.

Şarlotta
Alış-veriş etməyə gəldim. Mən yalnız bir kiloqram soğan, iki yüz qram pendir, üç çörək və bir kiloqram duz istəyirəm.

Azevedo Yusif
Bu belədirmi? Daha çox şey istəyəcəyin düşünürdüm.

Şarlotta

maddi çətinlik çəkdiyimiz üçün baş verir. Anam öldü, atam isə sənədləri ilə bağlı problemlərə görə təqaüd almadı. Beləliklə, bizim kiçik gəlirimiz yarıya bərabər oldu. Yeri gəlmişkən, maddi vəziyyətimi yaxşılaşdır maq üçün dəli kimi iş axtarıram.

Azevedo Yusif

Başa düşün. Yuxuda sənə kömək edəcəyəm. Fermada olduğum müddətdə ticarətlə məşğul olmağıma kömək etmək üçün xidmətçiyə ehtiyacım var. Mənimlə işləyə çəksən?

Şarlotta

Sevəcəyəm. Nə vaxt işləməyə başlayıram?

Azevedo Yusif

Sabahdır. Komandamıza xoş gəlmişiniz.

Qız böyük sevinclə vidalaşıb atasına xoş xəbəri çatdırırdı. Nəhayət, o, maliyyə probleminin böyük həllini tapmışdı. Mən şadam ki, Allah sizin dua larinizi eşitdi.

Ata ilə söhbət edin.

Şarlotta evə gəlir və onu atası sevinclə qarşılayır.

Alvin

Çox şadam ki, sən burdasan, qızım. Bu bizə nə xəbər gətirir?

Şarlotta

Mən istədiyim şeyləri aldım. Həmçinin ticarət xidmətçisi kimi işə götürüldüyüm üçün çox təəccübləndim.

Alvin

Bu çox gözəldir. Bəs bu, çox asan idimi?

Şarlotta

Görünür, sahibi mənə simpatiya edib. Dualarım sayəsində Allah bu böyük möcüzəni həyatımıza bəxş etmişdir.

Alvin

İrəli, balam. Mən sənə bütün dəstəyi verəcəyəm.

Cüt yeni mərhələni qəbul edir və qeyd edir. Bundan sonra bədbəxtlik dövrü bitəcəkdi. Allah hər zaman tərifə layiq olsun.

ərzaq mağazasında işləyir

Şarlotta üç ay idi ki, ərzaq mağazasında işləyirdi. O, mehriban, gözəl və nəzakətli olduğu üçün müdirinə daha çox yaxınlaşırdı. Bu zaman o, fürsətdən istifadə etmək qərarına gəldi.

Azevedo Yusif

Əziz Şarlotta, gələn şənbə günü Səhiyyə xanımımızın Kilsəsinin açılışı olacaq. Mən hələ də təkəm. Mənimlə gələ bilərsənmi?

Şarlotta

Əziz müdirim, sizi müşayiət etmək mənim üçün böyük zövq olacaq. Bəs mən sizinlə necə yoldaşlıq edərdim? Mənim işim nə olacaq?

Azevedo Yusif

Mənim səmum, sevgilim. Nə fikirlə sirsən?

Şarlotta

Bəs bu necə olur? Dəlisən? Siz hətta rəsmi şəkildə sifariş də verməd iniz.

Yusif dərhal onun qarşısında diz çökdü. Bir əli ilə ona öhdəliyin simvolu kimi üzük təklif etdi. O, bu hədiyyəni qəbul etdi.

Şarlotta

Bu gündən etibarən mən sənin sevgilin olacaq. Buna görə olduqca xoşbəxtəm. Partiyanı səbirsizliklə gözləyirəm.

Onlar təyin olunmuş gün və vaxtda kilsənin təntənəli açılış mərasimində iştirak edirdilər. Dini zəbti qeyd edən insanlar çox idi. Çox musiqi, rəqs, hərəkət, iştirakçıların sevinci çox idi. Bu, Bahia diki Abaíra şəhərinin inkişafını qeyd edən bir an idi.

Hekayənin sonu

Bir il görüşdüyü üçün qeydiyyat idarəsində nikahı rəsmiləş dirilər. Qısa müddət sonra onların üç gözəl övladı oldu. Nikahın möhkəmlən dirilməsi ilə onlar bir çox xoşbəxt anlar yaşadılar və regionun iqtisadi inkişafının konsolidasiyasını gördülər. Onlar tarixdə həmişəlik regionda pioner kimi qeyd ovunurdular.

Həqiqəti həyatınızda əsas dəyər kimi qəbul edin.

Yalan danışma, özünü elə göstərmə. Aldatdığınız yalandansa, çətin həqiqət daha yaxşıdır. Həqiqətin əsas dəyəri olaraq, ciddi və səmərəli münasibətlər quracaqsan. İnan ki, dürüst və doğru olmaq çox gözəldir.

Vaxt nə qədər çox keçirsə, hər şey bir o qədər çətinləşir.

Həyat – maneələrin proqramlaş dirilmiş ardıcıllığıdır. Nə qədər çox getsək, çətinliklər də bir o qədər çox olur. Bu isə bizi istənilən vəziyyətdə sağ qalmağa vadar edir. Məhz təcrübə sayəsində biz həqiqi insanlar ola bilərik.

Yaşadığım çətinliklərə görə həyatla üzləşməyə hazır bir insanam. Mən ruhani mənada ağa və hörmətli yazıçı oldum. Belə də etsəm, sən də bacararsan. Potensialınıza inanın, istədiyi nizə sərmayə yatırın və olduqca xoşbəxt olun. Arzularınız həyata keçirmək üçün hər zaman yeni şans yaranacaq.

Pis təsirlərdən qorun

Söhbət etmək, və ya tarix vermək üçün yaxşı şirkət axtarın. Mənə imkan vermə ki, xeyri olmayanla mənə dost olsun. Kim pisdirsə, pis məsləhətinizlə sizi lərzəyə aparacaq. (Ya Peyğəmbər!) Onlardan üz çevir.

Həyatımın qaranlıq gecəsi

Gəncliyimdə qaranlıq bir təcrübə yaşadım. Canın qaranlıq gecələrini intensiv yaşadım. Bu dövrdə Tanrını, prinsipləri unudub, günahlara batdım. Lakin missiyamın real ölçüsünə malik olmaq üçün bunu təcrübədən keçirmək lazım idi.

Çox peşman olduğum dəhşətli hadisə evimin yaxınlığındakı səhrada baş verib. Tövbə edəndə tamamilə sağaldım və bu gün yaxşı insan oldum.

Canımın qaranlıq gecəsi ilə bu qarşılaşma məni insan kimi hiss etməyə vadar etdi, amma mən də öz dəyərimi öyrəndim. Allah istəyirdi ki, mən həyatda bütün maneələri dəf edim və dəf edim. Bu gün özümü əsl qalib kimi hiss edirəm.

Allah insanı və qadını evlənmək və çoxaltmaq üçün yaratmışdır.

İnsan sevgisi münasibətlərinin təbiiliyi kişi və qadındır. Məhz onların vasitəsilə uşaqlar yaranır, həyat isə davam edir. Bütün cinsi müxtəlifliklərə hörmət etmək və azad seçim etmək hüququ olmalı olsa da, ən çox kişi və qadın tərəfindən edilən ailədir.

Tənqid etməzdən əvvəl, düşüncə tərzinizi müşahidə edin.

Çoxları başqalarını etdikləri əməllərə görə tənqid edir, lakin unudurlar ki, bəzən özləri tənbəllikdən də betər olurlar. Aydın məsələdir ki, tənqid etmək asandır, lakin insanın həyatını yaşamaq daha çətin bir şeydir.

Tənqid etmək əvəzinə, başqalarına dəstək olmağa çalışın. İnsanların hansısan yolla başqalarına kömək etməklə məşğul olduğunu görəndə çox gözəl olur. Buna görə də, mane olmaq əvəzinə, insanlarla dost olun.

Uzaq insanları sevmək daha asandır.

Yaşadığımız insanlar, ailə üzvləri və ya dostları, həmişə fərqliliklə olur. Bizə ən yaxın olan insanların əhval - ruhiyyəsi bizi məyus edir və bu əhval - ruhiyyədən əziyyət çəkirik. Eyni zamanda, biz bir neçə dəfə gördüyümüz və ya İnternetdə tanıdığımız insanlara şəfqət göstərməyə meylliyik.

Bu fenomen müasir dünyada getdikcə daha geniş yeyilmişdir. İnsanların meyli pis həyat tərzidir. Amma diqqətlə baxsaq, milyonlarda yaxşı insanlar tapa bilərik. Bu nadir hallarda biz hələ də məhəbbətə inanırıq.

Sizi zindana salan hər şeydən azad olun.

Sizə zərər verən və ya həbs olunan hər bir şey həyatınızdan çıxmalıdır. Necə olursa olsun, azadlıq nidasını nə qədər tez versən, o, sənin həyatın üçün bir o qədər yaxşı olacaq. Bəli, hər vəziyyətdə öz hekayənizin əsas rol olun. Başqalarının sənin həyatına rəhbərlik etməsinə yol vermə. Həyatla üz - üzə gəlmək üçün cəsarətli ol və həqiqi xoşbəxtliyə aparan düzgün seçimlər et.

Biz başqalarının fərqi ilə yaşamağı öyrənməliyik.

Hamımızın öz fikirlərimiz var və çox vaxt ətrafımızda ki insanların fikirlər indən fərqlənirik. Buna görə də dünyada mövcud olan müxtəliflikləri hər birinə hörmət etməyi bilmək lazımdır. Buna görə də biz bütün insanları dost və ya dost kimi qəbul etməliyik.

Mən həmişə bütün insanlarla tamamilə anlayışlı insan olmuşam. Amma biz həmişə başqalarında müqayisələrə rast gəlmirik. Yəni bu zaman fərqlər baş verir. Çox vaxt razılığa gəlmək mümkün olmur.

Əgər bacarıqsınızsa, həyatınızı müstəqil yaşayın. Amma əgər siz həqiqətən də şirkətdə bu mövqedən asılısınızsa, onda insanlarla yaşamağı bilməli olacaqsınız. Bunda orta bir yer yoxdur.

Bu, mühakimə etmək üçün heç bir faydası yoxdur, siz adam tanımışınız

Biz yalnız insanları səthi tanıyırıq. Onların əsl niyyətlərinin nə olduğunu və nə ilə keçdiyini bilmirik. Elə isə insanları etdikləri əməllərə görə mühakimə etməyin. Hökm edə biləcək tək allah, bütün xüsusiyyətləri ilə kamil olan Allahdır.

Allaha şükürlər olsun ki, mən həmişə insanları mühakimədən üstün tutdum. Mən heç vaxt heç kimi istisna etməmişəm, çünki insan günaha yol verib, çünki kimsə həyatın problemlərinə tabedir.

Biz hamımız xeyirxah qardaşlardan sayılırıq. Əgər düşünməkdən əl çəkməsən, biz həqiqətən də beləyik. Yəni, bir-birimizə kömək edə bilsək, bu Allah üçün gözəldir.

Sevdiyimiz insanlardan uzaq durmaq çətindir.

Əgər qayğı göstərdiyin həmin insan uzun müddət yox olubsa və ya bir daha sənə baş çəkməyə gəlməsə, bu onun səni sevmədiyi nə böyük işarədir. Bir-birimizi mütləq sevəndə imkan daxilində yaxın olmaq istəyirik.

Kim səni sevirsə, əhval-ruhiyyədə təzahür etdirmək lazımdır. Əgər insan səni sevdiyini desə, amma əhval-ruhiyyədə göstərməsə, onda bu böyük fırıldaqdır. Beləliklə, bu saxta sevgiləri həyatınızdan silin və gedin tək, amma xoşbəxt yaşayın.

Uğursuzluq ar haqqında nə qədər çox düşünsəniz, bir o qədər də onları cəlb edirsiniz.

Uğursuzluğu uzun müddət yaslı qalmayın. Əgər belə etsən, keçmişdə əvəzedilməz dərəcədə həbs olunacaq san və həyatda inkişaf etməyə çəksən. Pis xatirələrdən qurtulun və yeni cəhdləri nizə başlayın. Yeni uğursuzluq ar baş verə bilər, amma bu, həyatın bir hissəsidir.

Xəyalları olan, amma onları əldə etmək üçün heç bir iş görməyən insanlara heyranam. Bu isə çox pisdir! Onlar hər şeyin asan olacağını düşünən tənbəl insanlardır. Amma həyat özü də asan deyil. Qalib gəlmək üçün çoxlu səy tələb olunur.

Hər pis hadisə ilə, qalx ayağa.

Neçə dəfə pis bir şey sınamağın və ya əziyyət çəkməyin heç bir əhəmiyyəti yoxdur. Həyat bizi yerlə yeksan edə biləcək hadisələr ilə doludur. Bu an dərdlərin izi sağaldın, ayağa qalxın və irəli gedin. Həyat səni böyük xəbərlər, sevinclər, sevgilər, fantaziyalar, hekayələr, çatdırılma qabiliyyəti və bir çox əfvlərlə gözləyir. Hər zaman başlamağın vaxtıdır.

Xəyallarımla həmişə çox israrlı olmuşam. Heç vaxt yol vermirəm ki, hər dəfə uğurluluqla üzləşəndə ruh düşkünlüyünə qapıldım. Buna görə də bunu düzgün şəkildə həyatınızda tətbiq edin. Xüsusilə də, öz fəaliyyətinizdə bəxtəvərlik.

Həyatımızda hər bir qələbənin bir hekayəsi var.

Bizi xoşbəxt edən qələbə deyil. Bizi qələbələri mizdə xoşbəxt edən uğur uğrunda mübarizədə atdığımız hər addımdır. Qalib gəldiyimiz zaman, çəkdiyimiz əzablardan arzu edilən fəthlərə qədər bir film ağlımıza keçir. Bu isə pis xeyir gətirir.

Uzun müddətdən sonra çoxlu qələbələr qazandım. Bu, onu göstərir ki, biz əkdiyimiz məhsulu biçirik. Bu, bizim istədiyimiz vaxt deyil, Allahın bizə icazə verdiyi vaxtdır. Yəni, əgər yuxunuz varsa, irəli gedin və heç vaxt təslim olma.

Mən ədəbiyyatımın hüdudunun mənim təxəyyülüm olmasını icazə verdim.

Etiraf edirəm ki, bütün oxucular üçün hekayələr yaratmağı sevirəm. Oxucu əvvəllər heç vaxt hiss edə bilməcəyəyik hissləri mənim təsəvvürüm vasitəsilə hiss edə bilər. Kitabda buna dəyər: limit bizim təxəyyülümüzdür. Təxəyyül biliyi ilə birləşərək ədəbiyyatda inanılmaz nəticələr verir.

Baxmayaraq ki, ədəbiyyat mənim böyük fəaliyyətimdir, mənim də işim var. Bu iki məşğuliyyət həyatımı elə doldurur ki, mənim xəyali ağlım tutur. Xəyallarımı həyata keçirəcəyim və ümid edirəm ki, oxucular təklif etdikləri dən zövq alacaqlar.

MÖVCUDLUQ VƏ DIGƏR RƏVAYƏTLƏRIN FIRTINALARI

Dürüst və sakit gəzin.

Həyat ən yaxşı şəkildə yaşamaq üçün nəzərdə tutulub. Həyat bizdən gəzməyi tələb edir və bu hərəkət dürüstlük, azadlıq, sevgi, səxavət, sevinc, caynaq, cəsarət və imanla edişməlidir. İnsanlarla (bir-birinizlə) yaxşı davranın. Allah da sizə iki dəfə artıq o qədər pul verəcəkdir.

Keçmişdə etdiyim heç bir şeyə görə peşman deyiləm. Bəlkə də bunu deyəcəyəm, çünki heç kimi incitmək üçün qəsdən bir iş gördüyüm yadımda deyil. Deməli, Allahın gözündə aydın və kamil vicdanım var. Kənd sadəliyimdə oyanıb yatdığım üçün xoşbəxtəm.

İşdən utanma.

İstənilən əsər tanınmağa və alqışa layiqdir. Ev süpürgəçisi kimi ən sadəsindən tutmuş böyük şirkət rəhbərlərinə qədər. Dünyada hər kəsin əsas rolu var.

Mən həmişə işləri sevmişəm və heç vaxt zəhmətlə üzləşməkdən qorxmamışam. Mən fermer, müəllim, dövlət qulluqçusu, rejissor, musiqi tərtibatçısı, yazıçı, digər peşələr arasında idim. Bütün bu işlərdə maksimumumu verdim və onların hər birində çox xoşbəxt idim. Odur ki, işinizlə fəxr edin və onunla məşğul olun. Tənbəlliyin qayğınıza qalmasına imkan verməyin. Sevinc və nikbinliklə iş.

Heç vaxt öz xeyirxah lığından tövbə etmə

Nə qədər ki, biz axmaq rol oynayırıq və insanlar bizim xeyirxah lığımızdan yararlanalar, yaxşılıq etməyə davam edirlər. Günah sənin yox, başqasının şərindədir. Qəlbi imanla xeyirxah əməldən başqa bir şey deyildir. Hər kəslə yaxşı olduğumuz bilmək çox xoşdur.

Hər vəziyyətdə həmişə yaxşı olmuşam. Bu isə insanların qəribəliyinə və müəyyən məsafəyə səbəb olur. Tənqidlərə əhəmiyyət vermirdim və eyni cür davranmağa davam edirdim. Bununla mən həmişə xoşbəxtliyimlə mükafatlan dirilmişim.

Beləliklə, yaxşılıq etmək ətrafınızda yaxşı abı-hava yaradır ki, bu da sizi ən pis şeylərdən xilas edir. Allaha və onun sizin həyatınız üçün layihəsinə inanın. Bütün yaxşılıqları yaradıcının iradəsi ilə həyatınızda baş verəcəyinə inanın.

Heç bir dininiz olmadığı kimi yaşayın.

Dini fanatizm çox gözəl bir şeydir. O, bizi, yaratmadığı miz əxlaq normalarına eyni edir. Hansısan dinə mənsub olmaq azadlığımız və düşüncə tərzimizi məhv etmək üçün kifayət et məməlidir.

Bütün yaxşı dinlərə inanıram. Allaha və yaxşı ruhların qorunmasına inanıram. Amma mən fanatik deyiləm. Öz qərarlarımı vermək üçün həyatım azaddır. Həmçinin məndən fərqli düşünən insanların olduğunu anlamaq üçün açıq düşüncəm də var. Qoy sizin dini seçiminiz başqalarının seçimlərinə qarşı sizə heç bir şey etməyə əsas verməsin. Hörmət həmişə birinci yerə çıxmalıdır.

Eyni evdə yaşamaq mürəkkəbdir.

Vaxtaşırı kimisə görəndə onlar haqqında yanlış təəssürat oyada bilərsən. Çətin olan hər gün yaşamaqdır ki, bu da bütün qüsurların peyda olduğu vaxtdır. Buna görə də evinizin içinə qəribə insanlar qoymaqdan ehtiyat edin.

Hərdən mənə elə gəlir ki, mən subay olmaq üçün doğulmuşam. Başqa insanlarla münasibətdə çox çətinlikləri var. Mən həmişə heç vaxt qrup dostluqları etməyən bir uşaq olmuşam. Bu isə məni inandırmağa vadar edir ki, tək qalsam, daha yaxşı olar. Lakin bir gün sevgilim ola biləcəyini istisna etmirəm. Biz heç vaxt bilmirik ki, taleyimiz necə olacaq.

Uşaq sahibi olmaq arzusunda idim.

Uzun müddət sevgilim və uşaqlarımla mükəmməl bir ailə qurmağı xəyal edirdim. Lakin vaxt keçdi və yeni vəzifələr ortaya çıxdı. Bu, mənim xəyalımı arxada qoyub, demək olar ki, qeyri-mümkün edirdi.

Ailə üzvləri sizdən asılı olduqda ailə qurmaq və övlad sahibi olmaq barədə düşünmək çox mürəkkəbdir. Taleyin məni tərk etdiyi bu məsuliyyətdə özümü tələyə düşmüş hiss edirəm. Amma on il, 20 il, hətta otuz il ərzində gələcəyimin necə olacağını dəqiq bilmirəm. Kim bilir ki, gələcək xoşbəxtliyin taleyini özündə saxlamaz? İndilik bu sadəcə böyük bir xəyaldır.

İndiki anda çox gözləmədən yaşayaram. Mən Allaha çox imanla davam edəcəyəm. Mənə yazılan hər şey, bir gün alacağam. Deməli, mən həyatda ehtiyatlı gəzirəm. Allah sizin hamınızın uğurlarına bərəkət versin.

Bu, bizi dəyişilməyə təşviq edir.

Həyatda bizi narazı salan müəyyən vəziyyətlər var. Bu vəziyyətlər bizi rahatlıqdan qurtarmağa və yaxşılığa doğru dəyişikliklər etməyə təşviq edir. Bu, xüsusilə yaxşıdır. Çətinliklər bizi elə vəziyyətə salır ki, qabiliyyətimizi göstərə bilərik.

Şəxsi həyatımda həmişə təcrübə keçirmişəm. Hər şey məni ehtiyatlı, lakin dəqiq və səmərəli hərəkət etməyə vadar etdi. Mən öz xeyirlərimlə nəticə əldə etmişəm. Özümü elə xoşbəxt hiss edirdim ki, sanki, bu, böyük dəyişiklikdir. Mən böyük bir qalib oldum.

Uğur formulu sadədir: çox cəsarət, çox mübarizə, sədaqət, əzmkarlıq və görülən işlərə sevgi. Fürsətlərin olma maşından şikayət etdiyiniz üçün heç bir faydası yoxdur. Heç nə asan gəlmir, getmir. İnsan pisliyi ilə bizə üstün gəlmək üçün bizə daxili enerji lazımdır. Əsl insanlar olmaq üçün əziz azad lığımıza ehtiyacımız var. Sevgimizin və öz həyatımızın həyatında önəmli olmalıyıq. Heç vaxt heç kimdən sevgi qırıntılarını qəbul etməyin.

Hər zaman interyeriniz üzərində düşünün

Çətin anlarda düşünməyə çalış. Dərindən nəfəs alın, sakitləşin, başınızı qaldırın, daxili düşüncənizə əsasən qərarlar qəbul edin. Həyatda sizi hərəkətə təşviq edən şeyləri özünüzə tapmağa çalışın. Daxili götür - qoy etməklə sən bütün problemlərinə lazımi cavab tapacaqsan. Bu, bizim emosional tarazlığımız üçün vacibdir.

Nəzərə alın ki, dünya böyük bir öyrənmə yoludur. Dünya qalır və biz bir müddət buradayıq. Onda nə üçün pislik əkmək? Nəyə görə qalan az vaxtımız yaxşılıq etmək üçün istifadə etməyək? Mən hesab edirəm ki, bu, şəxsi seçimlərin bir hissəsidir. Necə ki, mən Allaha inanıram, elə insanlar var ki, şeytana inanır və ibadət edirlər. Kainatda davam edən iki müxalif qüvvədir. Bu fərqlərə isə bu və ya digər şəkildə hörmət etmək lazımdır.

Biz yer üzündə (hər tərəfdən). Biz bəşəriyyətin tərəqqisinə kömək etməliyik. Hansı gözəl missiya deyil? Bəzən hər gün daşıdığımız məsuliyyətin nə qədər böyük olduğunu dərk etmirik. Şəxsi öhdəliklərə yanaşı, dostlar və tanışlarla birlikdə də dünya haqqında düşünməliyik ki, həyat hər kəs üçün yaxşı olsun.

Bu, mənə şəxsi məqsədlər barədə düşünməyə vadar edir. Məqsədlər bizi işin, səylərin, planlaş dırmanın, şəxsi zəkanın nailiyyətlərinə yönəldir. Bu, həmçinin ictimai idarəçiliyi xatırladır. Onun əsas prinsipləri planlaşdır maq, təhlil etmək və hərəkət etmək planlarıdır. Hər şey həyatımızda vacib kontekstdir. Hətta az bilsək də, daha çox bilənlərə töhfə vermək üçün bir şeyimiz var. Bu yolla peşəkar dövr tamamilə bağlanır.

İşə gəldikdə isə, müxtəlif bacarıqlara malik olmalarına baxmayaraq, insanları dəyərləndirə barədə düşünməliyik. Eyni qabiliyyətə malik işçilər üçün fərqli tərəzilərdən istifadə edə bilmərik, lakin daha yüksək qabiliyyətli olanlar arasında fərqlənə bilərik. Əmək baxımından bərabərlik sualıdır.

Evlilikdə məsuliyyət

Ailə qurmaq böyük məsuliyyətdir. Nikahın işləməsi üçün ərlə arvad arasında geniş əlaqə tələb olunur. Bunun üçün anlayış, səbir, dözümlülük, dözümlülük, məhəbbət və mürəkkəblik tələb olunur.

Mən heç vaxt məhəbbətlə qarsalanmağın nə qədər çətin olduğunu göstərən heç kimlə çalışmamışam. Məhəbbət çox az adamın şərəfidir. Bəzən elə bilirəm ki, mən evlənmək üçün doğrulmamışam. Bəlkə də buna görə sevgidə böyük uğurlarım. Amma bəlkə də bu sadəcə xarakterə uyğunsuzluq dur.

Əgər sizə sevgi lütf edilibsə, qeyd edin, zövq alın. Bu dövrdə dünyanı davam etdirən sevgidir. Əziz adam vasitəsilə böyük millətlər, böyük binalar və böyük möcüzələr tikilir. Sevgi dünyanın ən yaxşısıdır.

Həyat və ölüm

Qədimdə daşqın yeri məhv edib. Daşqın bütün dağları əhatə etdi və yer üzündə yaşayan canlı varlıqları məhv etdi. Yalnız Nuh və ailəsi qalıb. Daşqından sonra Allah heç bir daşqının yer üzündəki həyatı məhv edə bilməcəsi üçün canlılarla əhd bağladı. Allah gördü ki, insanlar yaxşı və ya pis ola bilər. Sonra bu ikililiyi qəbul etdi.

Allahın qədimdə yer üzündə verdiyi cəza göstərir ki, Allahın insan üçün planı kamillik idi. Layihədə nə isə səhv oldu, sonra kişi pisləşdi. Lakin yaxşı olardı ki, saleh Allah bizə həyat üçün imkan versin.

Ömrümüz, ölümümüz həyatımızın sonlarıdır. Biz Allahdan bol-bol həyat, ölüm isə ruhani dünyaya keçiddir və burada mühakimə olunacağı. Həyatımızı necə idarə etməyi bilmək bizi uğura və xoşbəxtliyə aparan ən yaxşı əhval-ruhiyyədir.

Həyat haqqında düşünərək düşünürəm ki, biz öz yolumuza tapmalıyıq. Bu yolla ailəmiz, qohum-əqrəbamız, dostlarımız, tanışlarımız, oxucularımız, heyranlarımız, davamçılarımız, qısaca, bizi dəstək ləyənlərin hamısı bu işin davam etməsi üçün daxil edilir. Ailəmizin bir hissəsi olan bütün bu insanlar olmadan biz heç nə deyilik. Ona görə də gəlin bütün bu insanların təvazökar, sadə və ən başlıcası, səfər yoldaşları olaq.

Anam haqqında bir az

Anam balaca atın Pernambuco rayonunda anadan olub. O, digər on qardaşla birlikdə sadə taxta evdə dünyaya göz açıb. Onların ata və anası əkinçiliklə məşğul olurdular. Ailənin genetik mənşəyi portuqal, yerli və ispan mənşəlidir.

Anam uşaqlıqda çoxlu maddi çətinliklərə qarşı-baş qaldı. O, valideynlərinə kömək etmək üçün bağçada tez işləməli olurdu. Köhnə günlərdə yerli zavod tərəfindən alınan iri pomidor plantasiyaları hazırlanırdı.

Anam tez ailə qurdu və ərinin evinə köçdü. Onlar Braziliyaya köçdülər, ancaq atamla baş verən bədbəxt hadisə ucbatından Pernambuco koksa qayıtdılar. Anamın altı gözəl övladı var idi ki, bu gün mənim ən böyük irsimdir. Valideynlərim və qardaşım Adenildo vəfat etdilər. Qardaşımın üç gözəl övladı var idi. Onlar mənim əziz qardaşımdır. Bu da bir az mənim köklərimlə bağlıdır.

Qardaşım Adenildo haqqında bir az

Adenildo mənim ikinci böyük qardaşım idi. O, həm əkinçi, həm də digər qardaşlarım idi. O, 70-80 yaşlarında, Paraíba ştatındakı pomidor plantasiyalarında erkən işləməli oldu. Məhz bu pomidor plantasiyalarının uğuru ilə atam yaşadığımız indiki torpağı aldı.

Bundan sonra o, yenidən yeni ümidə qayıtdı, bir neçə çıxışa çıxdı və nəhayət, üç gözəl övladı oldu. O, işsiz olanda mən həmişə ailəsinə maddi cəhətdən kömək edirdim. Hələ gənc, qırx səkkiz yaşında o, ağciyərdən insult və tromb keçirmiş və nəticədə ölümünə səbəb olmuşdur. Onlar onun ailəsindən, həyat yoldaşından və üç övladından qaldılar.

Böyük arzum dünyanı dolamaq idi.

Dünyanın hər bir ölkəsinə səyahət etmək barədə düşünüşünüzmü? Bu çox sərin olardı, elə deyilmi? Bütün yerüstü mədəniyyətləri, hər ölkənin paytaxtlarını, görməli yerlərini bilin, bu insanlarla söhbət edin.

Amma sadəcə, dünyanı dolamaq üçün bağırsaqlarım olmazdı. Uçmaqdan qorxuram. Beləliklə, mən evə daha yaxın olan gözəl yerləri tanımağı üstün tutmuşam.

Başqaları tərəfindən səhv anlasanız da, xoşbəxt olun

Dünya səni başa düşmür və təqib edir. Dünya sənin qayğınla əzab verir. Sonra özünüzdən sürüşürsünüz ki, mən buna layiq olmaq üçün nə pislik etmişəm? Sən heç bir pislik etmədin. Yalnız başqalarının düşündükləri sizin inandığınız şeylərdən fərqlənir. Onun üstündən keçib get həqiqətini yaşa.

Gənc olanda özümü günahkar hiss edirdim, çünki başqalarını razı salmıram. Heç kimin məni bəyənmədiyi üçün özümü aciz və kədərli hiss edirdim. Amma səhv məhz buradadır. Səni sevməli olan sənsən. Özünə dəyər verəndə xoşbəxtliyə yaxınsan. Özünü sevəndə başqasının sevgisini özünə cəlb edirsən. Bu, cazibənin universal qanunu adlanır.

Heç kimin sənin hərəkətlərinə ağalıq etməsinə yol vermə.

Pis təsirlərin qarşısını almaq üçün öz iradəsi sahibi olsun. Öz iradənizi həyata keçirmək üçün öz iradəsi edin. Buna görə də kimsə səni ətrafda müdir etmək istəməsi qeyri-mümkündür. Bu hüquqdan istifadə etmək lazımdır ki, qərar başqalarının əlinə çevirməyəsən. Qorxmayın. Azadlığın üçün mübarizə apar və xoşbəxt ol.

Bəzi işlərdə həmişə ailəmin təsiri altında olmuşam. Amma mən başa düşürəm ki, bu nüfuz münasibətləri qaçılmazdı. Onlar maddi sahədə məndən asılıdırlar və mənim etdiyim hər şey onlara təsir edir. Buna görə də mən yalnız özüm üçün yox, dörd nəfər üçün qərar verməliyəm.

Maddi və emosional asılılıq məni çox kədərə salır. Amma mən başa düşürəm ki, heç nə əbədi deyil. Elə bir vaxt gələcək ki, mən tamamilə azad olacaq. Bəlkə də bəzi məsələlərdə bu azadlıqdan sui-istifadə edirəm. Buna görə də indiki vəziyyətimin yaxşı olduğuna inanıram.

Xudbinlik ən ağır qüsurdur.

Xudbinlik sizin üçün yaxşı şeylər istəyir. Mən başa düşürəm ki, dünya nəhəng, çoxluq təşkil edir. Bir çox insanlar uğurları üçün hər gün mübarizə aparırlar. Belə isə, nəyə görə bir-birinin xoşbəxtliyini görməyək? Tanıdığım bütün insanlara, dostlara və ya düşmənlərə uğurlar arzulayıram. Başqalarında xeyir istəyəndə əvəzində 3 dəfə çox gəlir əldə edirsən.

Xudbinlik bu günlərə uyğun gəlmir. Birlikdə mübarizə aparmaq üçün birləşmiş dünyaya, güclüyə ehtiyacımız var. Bizə şər dairəsini pozan, sevgi və həmrəyliklə yeni münasibətlər quran insanlar lazımdır. Dünyanın bacarıqlı, həsr olunmuş, yaxşı və səxavətli insanlara ehtiyacı var. Gəlin dünyanın ən yaxşıları üçün ümid edək.

final